KB052233

명화로 읽는
여왕의 세계사

| 책으로 떠나는 세계여행 |

명화로 읽는
여왕의 세계사

김서형 지음

MUSE

1979년 휴렛팩커드 연례회의에서 "미국 기업 내 여성의 승진 정책에는 제한이 없는 것 같지만, 실제로 '유리천장'이라는 제약에 놓여 있다"라는 말이 등장했다. 이후 '유리천장'이라는 용어는 <월 스트리트 저널> 기고문에 실리면서 세상의 주목을 받기 시작했다. 이는 눈에 보이지는 않지만 결코 깨뜨릴 수 없는 장벽을 의미한다. 충분한 능력과 자질을 갖추었지만, 조직 내 굳어진 관행이나 문화 때문에 여성의 고위직 진입이 차단되는 상태를 뜻한다. 비단 여성뿐만 아니라 소수인종이나 민족에게까지 확대되어 사용되기도 한다.

오랫동안 인간의 영역은 사적 영역과 공적 영역으로 구분되어 왔다. 정치사회학에서 사적 영역은 가족의 영역을 의미하고, 공적 영역은 정치활동의 영역을 의미한다. 그런데 여성과 어린이는 주로 사적 영역에, 성인 남성은 공적 영역으로 분리시켜왔다. 여성에게는 정치적인 것을 허락하지 않았고, 이러한 이분법적 구분은 19세기 이후 더욱 가시화되기 시작했다.

따라서 전 지구적으로 많은 지역에서 통치는 남성의 전유물이었다. 여성이 정치에 참여하는 것은 매우 특별한 경우에만 가능했다. 대부분의 남성들은 여성의 시각이 편협하고 경험이 부족하며, 개인의 이익만 우선시하기 때문에 국가의 이익에 별다른 도움이 되지 않는다고 생각했다. 그럼에도 불구하고, 혈통이나 뛰어난 능력 덕분에 국가를 통치했던 여성들이 존재했다.

이 저서에서는 세계사 속에 등장하는 6명의 여왕을 살펴본다. 여왕은 여성인 왕을 뜻하는데, 기본적으로 왕은 남성이라는 사실을 전제로 삼고 있기 때문에 여왕이라는 단어가 파생되었다. 여왕이 즉위할 때마다 많은 남성들은 정치력이나 카리스마의 부족 등을 이유로 남성을 새로운 왕으로 추대하고자 했다. 심각한 경우에는 반란을 일으키는 경우도 있었다. 그렇다면 여왕들의 정치는 늘 실패하기만 했던 것일까?

이 저서에서는 6명의 여왕들의 정치적, 문화적, 군사적 업적들을 세계사의 맥락 속에서 살펴보고자 한다. 기본적으로는 여왕으로 즉위하게 된 배경부터 여왕의 다양한 업적을 긍정적이고 부정적인 여러 가지 시각에서 살펴보고자 했다. 그리고 여왕의 선택과 결정이 당시 세계사에 미쳤던 영향을 분석했다.

녹자들의 이해를 돕기 위해 이 저서에서는 여러 가지 그림을 활용했다. 그림을 통해 우리는 여왕의 정치적 리더십이 국가 역사와 세계사에 미치는 영향력과 시대적 분위기를 보다 쉽게 이해할 수 있다. 그야말로 그림과 이야기가 만나 만들어내는 시너

지이다.

"나는 국가와 결혼했다." 튜더 왕조의 마지막 군주였던 엘리자베스 1세_{Elizabeth I}의 유명한 말이다. 이 말은 연약한 여성이 아닌 한 국가의 운명을 결정할 수 있는 최고 권력자로서 그녀의 결심을 잘 보여주는 말이다. 그녀의 말을 통해 우리는 여러 여왕들이 인류 역사 속에서 다양한 역할을 해왔음을 알 수 있다. 세계사 속에서 여왕들의 이야기와 역할을 통해 역사를 새롭게 이해하려는 시도가 '유리천장'이 여전히 존재하는 21세기 사회를 새롭게 이해하는데 도움이 되길 바란다.

책 읽는 방법

일반적으로 역사 서적은 시간 순서대로 서술되어 있는 경우가 많다. 이 책의 경우, 개별적인 여왕에 따라 그 시대와 세계사를 엮어내고 있기 때문에 시간과 공간의 연속성에 크게 영향을 받지 않아 어떤 부분을 먼저 읽든 별다른 상관이 없다.

다만 책을 읽을 때 역사적 배경을 먼저 읽고, 그 다음에 명화를 본다면 그림이 우리에게 주는 즐거움과 의미가 배가 될 수 있으므로 이 순서대로 읽어보도록 하자.

책의 난이도

이 책은 여왕의 통치와 리더십을 통해 얽혀 있는 세계사를 이해하기 쉽게 풀어내고 있다. 각국사나 세계사에 별다른 지식이나 정보가 없더라도 이야기책을 읽는 정도의 수준에서 큰 어려움 없이 읽을 수 있다. 세계사에 대한 이해를 돕기 위한 또 다른 방법으로 명화를 활용하기도 했다. 다만, 각국사나 세계사에 대한 보다 깊은 지식과 이해는 좀 더 전문적인 깊이와 수준에서 찾아야 한다.

Ⅳ. 위기를 기회로 만든 여왕, 이사벨 1세 · 116

I

프톨레마이오스 왕조의
마지막 여왕,
클레오파트라 7세

프톨레마이오스 왕조의 마지막 여왕, 클레오파트라 7세

1. 이시스 여신과 이시스교

나일강은 적도 부근에서 발원해서 에티오피아와 이집트 등을 거쳐 지중해로 흐른다. 아프리카 최대의 강이자, 세계에서 가장 긴 강 중 하나이다. 나일강 상류에는 특이한 섬이 있다. 일반적으로 섬은 주변이 물로 둘러싸인 육지의 일부를 의미한다. 그런데 이 섬은 특정 계절을 제외하고는 항상 물속에 잠겨 있다. 바로 필레 섬이다.

나일 강은 매년 여름이 되면 범람했다. 고대부터 수천 년 간 반복된 현상이었다. 나일 강의 범람을 조절하기 위해 이집트 정부는 댐 건설을 추진했다. 댐 건설로 더 많은 경작지를 얻을 수도 있었다. 댐 건설지는 이집트 남동부에 위치한 아스완이었다. 이 지역은 예로부터 상업과 교통의 중심지였다. 뿐만 아니라 대상隊商의 숙박지이기도 했다.

1889년에 시작된 댐 공사는 1902년에 완공되었다. 하지만 1946년에 나일 강이 다시 범람하면서 댐을 높이는 공사가 필요해졌다. 1960년에는 새로운 문제가 발생했다. 바로 역사적, 고고학적 유물의 수몰이었다. 아부심벨 신전은 이집트 전성기의 파라오 람세스 2세Ramses II가 건설한 세계 최대 규모의 석굴사원이다. 그래서 유네스코UNESCO에서는 전 세계적인 기금 캠페인을 벌여 신전을 다른 곳으로 이전했다.

수몰 위기에 처한 것은 아부심벨 신전뿐만이 아니었다. 필레 섬 역시 마찬가지였다. 필레 섬에는 많은 신전과 예배당이 있는데, 특별히 '나일 강의 진주'라고 불리는 신전이 있다. 바로 이시스Isis 여신의 신전이다. 이 신전은 이집트에서 가장 오래된 신전이다. 이집트 제 30 왕조의 파라오 넥타네보 1세Nectanebo I의 통치 기간에 건설된 것으로 알려져 있다.

넥타네보 1세는 기원전 378년부터 이집트를 지배했다. 당시 이집트에서는 페르시아의 지배를 받고 있었다. 그는 나일 강 하류 삼각지 지역에서 페르시아와 전쟁을 벌였고, 마침내 독립을 성취했다. 그리고 이러한 승리를 기념하기 위해 이집트의 여러 지역에 신전을 건설했다. 필레 섬의 이시스 신전은 바로 이때 지어진 것으로 추정된다.

이집트 창세 신화에 따르면, 태초의 세계는 혼돈의 바다 그

자체였다. 이후 오랜 시간이 흘러 바다에서 태양신 라Ra가 나타났다. 외로움을 느낀 라는 두 아이를 만들었는데, 바로 공기의 신 슈Shou와 습기의 여신 테프누트Tefnut였다.

성인이 된 남매는 결혼을 해서 두 아이를 낳았다. 대지의 신 게브Geb와 하늘의 신 누트Nut였다. 사람을 비롯해 생명체가 살 공간이 필요했기에 태양신 라는 게브와 누트가 가까이 있어서는 안 된다고 당부했다. 하지만 게브와 누트는 사랑에 빠졌고, 결국 5일간의 시간을 얻었다. 5일 동안 태어난 아이는 오시리스Osiris, 이시스, 대호루스Horus the Great, 세트Set, 그리고 네프티스Nephthys이다.

오시리스는 인간에게 작물 수확 방법을 알려주었다. 그리고 이집트뿐만 아니라 전 세계 사람들에게 이를 알려주기 위해 여행을 떠났다. 그가 부재중일 때 대리자 역할을 담당했던 것은 여동생이자 아내였던 이시스였다. 그래서 이시스라는 이름은 "왕좌"를 의미한다.

하지만 여행에서 돌아온 오시리스는 동생 세트의 계략에 넘어가 살해되었다. 세트는 오시리스의 시체를 관에 넣고 나일 강에 버렸다. 그래서 이시스는 남편의 시체를 찾아 헤매기 시작했다. 가까스로 시체를 찾아 몰래 숨겨 놓았지만, 세트가 이를 발견하고 시체를 14개로 찢어 이집트 각지에 버렸다.

이시스는 다시 남편의 시체를 찾는 여행길에 올랐다. 시체를

명화로 읽는 여왕의 세계사

그림 1. 작자 미상, <여신 이시스>, BCE 1380년~BCE 1335년 경 作. 이 그림은 이집트 카르나크 박물관에 소장된 이시스 여신의 벽화이다. 이시스 여신은 주로 머리에 의자를 올려놓은 모습으로 표현되는데, 이시스가 '왕좌'를 의미하기 때문이다. 이는 파라오의 권력과 힘을 상징한다. 다른 그림에서는 둥근 원과 소의 뿔을 올려놓은 모습으로 표현되기도 한다. 이시스의 날개는 파라오를 보호해주는 역할을 담당한다.

찾는 대로 별도로 보관했지만, 나일 강에 버린 성기만은 도저히 찾을 수 없었다. 결국 별도로 성기를 만들어 미라 제조법으로 시체를 복원했다. 당시 오시리스와 이시스 사이에는 자식이 없었기 때문에 마법을 사용해 임신했다. 그리고 7마리의 뱀이 지키는 늪지대로 도망쳐 호루스Horus를 낳았다.

세트는 독사를 보내 호루스를 혼수상태에 빠지게 했다. 결국 이시스는 신에게 도움을 요청했다. 태양신 라는 호루스의 독을 제거했고, 그에게 지상을 다스리도록 했다. 이후 호루스는 '태양의 아들'로 불리게 되었다.

당시 이집트 사람들은 나일 강의 범람이 오시리스의 죽음과 부활 때문이라고 생각했다. 그래서 나일 강이 범람하는 시기에 오시리스를 기념하는 축제를 열었다. 이들은 점토에 곡물 씨앗을 넣고 작은 미라를 만든 다음 관에 넣었다. 이렇게 관 속에서 싹이 튼 곡물은 부활한 오시리스를 상징한다.

나일 강의 범람은 이집트인들의 생존 토대였다. 강의 범람 이후 주변 대지가 비옥해져서 밀과 같은 작물을 수확할 수 있었기 때문이다. 하지만 당시 이집트인들은 대지를 비옥하게 만드는 것이 이시스의 역할이라고 생각했다. 이러한 의미에서 이시스는 '풍요의 여신'으로 불리기도 했다.

이시스는 이집트 역사 속에서 가장 오랫동안 숭배를 받았던 여신이었다. 어떻게 본다면 오시리스보다 더 많은 숭배를 받기도 했다. 그녀는 권력과 힘, 그리고 풍요를 상징하는 것 이외에도 모성과 마법, 지혜, 의술의 여신으로 숭배되었다. 또한 여성들에게 최초로 화장을 가르쳐준 신으로 묘사되고 있다. 그래서인지 이시스는 하토르Hathor 여신과 동일시되는 경우가 많다. 하토르 여신은 태양신 라의 딸이자 대호루스의 아내로서 보통 사랑과 미의 여신으로 숭배되었다.

이시스의 명성이 널리 확산된 것은 알렉산드로스 대왕Alexandros the Great 때부터이다. BCE 332년에 이집트를 정복했을

그림 2. 가스파르 드 크라이에(Gaspard de Craver, <알렉산드로스와 디오게네스>, 1625-1630년 作. 크라이에는 17세기 플랑드르 화가로서 초상화로 매우 유명했다. 이 그림은 알렉산드로스 대왕Alexandros 대왕과 그리스의 대표적인 철학자 디오게네스Diogenes 사이의 일화를 그린 것이다. 디오게네스는 가난하지만 부끄러움 없는 생활을 하고 있었는데, 그가 일광욕을 하고 있을 때 알렉산드로스 대왕이 찾아와 소원을 물었다. 그러자 그가 아무것도 필요 없으니 햇빛을 가리지 말고 비켜 달라고 했던 말은 매우 유명한 일화이다.

때 알렉산드로스는 이집트의 지역 종교를 수용했다. 원활한 제국 통합을 위해서였다. 그래서 멤피스를 방문했을 때 그는 아피스Apis에 제물을 바치면서 신의 힘과 자신의 통치를 연결시키고자 했다.

아피스는 이집트 신화에 등장하는 신성한 소이다. 가축의 신 프타Ptah가 성스러운 소인 아피스를 탄생시켰고, 죽은 후에는 미라로 만들어졌다. 파라오는 아피스로부터 힘과 풍요를 얻었다. 이후 그리스인들은 아피스가 지하세계의 신 오시리스와 결합해 '세라피스Serapis'라는 신이 되었다고 믿었다. 그래서 아피스의 무덤을 '세라피움Serapeum'이라고 불렀다.

BCE 323년에 알렉산드로스 대왕이 사망하자 그의 장군 프톨레마이오스Ptolemaeos는 이집트를 장악하고, 새로운 왕조를 세웠다. 바로 프톨레마이오스 왕조이다. 이 왕조는 BCE 30년까지 이집트를 지배했던 마케도니아 혈통의 왕조였다. 이집트를 효율적으로 통치하기 위해 프톨레마이오스 1세Ptolemaeos I는 이시스 숭배를 계속 유지했다.

1912년에 런던의 고고학자들은 "이시스 사원 옆, 런던"이라고 새겨진 주전자를 발견했다. 이 주전자는 1세기경 로마의 것으로 추정된다. 이시스에 대한 숭배가 이집트를 넘어 다른 지역으로까지 확산된 것을 잘 보여주는 사례이다.

이시스 숭배는 프톨레마이오스 왕조의 영향력과 관련성을 가지고 있다. 이집트의 패권이 지중해 동부 지역으로 확산되자 무역로를 따라 이시스 숭배 역시 다른 지역으로 전파되었다. 그리고 이시스는 그 지역의 신들과 결합했다. 그리스에서는 농업의 여신 네베테르Demeter와 결합했고, 중동에서는 풍요의 여신 아스타르테Astarte와 결합했다. 로마에서는 사랑의 여신 비너스Venus와 연결되기도 했다.

이후 이시스의 사원이 지중해 세계 전역에 걸쳐 세워졌다. 아

명화로 읽는 여왕의 세계사

폴론_{Apollon}에게 봉헌된 델로스 섬에서도 이시스의 사원이 지어질 정도였다. 이 신전은 BCE 2세기경에 지어진 것으로 추정된다. 이 지역을 방문한 로마 상인들은 이시스 숭배 의식을 따랐고, 이후 나폴리나 로마, 시칠리아 등으로까지 확산되었다.

이시스 숭배가 확산됨에 따라 그녀의 역할도 확대되었다. 풍요와 치유, 그리고 어머니로서의 전통적인 역할 이외에도 이시스는 행운이나 바다, 여행의 여신으로 숭배되었다. 바다를 항해하는 사람들은 그녀를 숭배했고, 폼페이처럼 해양 무역에 의존하는 도시들도 이시스를 숭배했다.

이시스를 위한 축제도 존재했다. 이 시기에 이집트인들은 다산을 기원하면서 이시스의 탄생일에 그녀의 동상을 들고 축하 행사를 벌였다. 필레 신전의 사제들은 매월 10일마다 그녀의 매장지라고 알려진 비게 섬을 방문해 축제를 벌였다.

BCE 1세기가 되자 이시스 숭배는 이제 신비한 종교로 자리 잡았다. 이시스교를 믿는 사람들은 비밀 의식을 치렀는데, 이에 대한 기록은 거의 남아 있지 않다. <영웅전>의 저자로 잘 알려진 플루타르코스_{Plutarchos}의 일부 기록에 따르면, 신도들은 화려한 옷을 입고, 커다란 딸랑이를 가지고 다녔다.

폼페이에는 이시스 신전이 남아 있다. 이 신전은 폼페이 발굴 초기인 1764년에 발견되었는데, 보존 상태가 상당히 좋다. 원래 건물은 아우구스투스_{Augustus} 시대에 건설된 것으로 추정된다.

신전의 내부는 높은 외벽으로 둘러싸여 보이지 않고, 출입구 역시 개방된 구조가 아니었다. 이러한 점에서 본다면, 당시 이시스 숭배는 상당히 폐쇄적이었음을 짐작할 수 있다. 신도를 위한 예배공간과 사제의 생활공간이 함께 있다는 점도 특이했다. 신전의 뜰에는 나일 강의 성수를 담은 수조가 있었다. 이곳은 이시스교에서 강조하는 정화의식이 수행되는 곳으로 알려져 있다.

시간이 흐르면서 이집트를 넘어 다른 지역으로까지 확산되었던 이시스 숭배도 점차 사라졌다. 전문가들에 따르면, 신도들이 일정 기간 동안 순결을 지켜야 했고, 여성 신도들만 받았던 것이 사회적 불만으로 작용했다. 더욱이 로마 제국에서 기독교를 국가 종교로 채택하면서 다른 종교를 배척하자 이시스 숭배는 사라질 수밖에 없었다.

그런데 이 시기 이집트 사회를 잘 들여다보면, 한 가지 재미있는 점을 발견할 수 있다. 당시 여성의 권리가 남성과 동등했다는 것이다. 고대 이집트에서 남성과 여성은 법적으로나, 실생활에서나 평등했다. 아버지의 성이 아닌 어머니의 성을 따른 비문들도 많이 발견되었고, 영원불멸을 위해 어머니의 모습을 새긴 사례를ᆯ노 많나.

그 기원은 바로 이시스에서 찾을 수 있다. 이집트 신화에서 보여주는 이시스는 매우 주체적이다. 동생의 음모로 죽은 남편을 되살리기 위해 온갖 고난을 이겨내고, 결국 되살려내고 만다. 갖은 고초를 겪고, 죽은 사람마저 살려내는 영웅이 바로 이시스인 것이다. 여성도 영웅이 될 수 있다는 점은 다른 세계와는 확실히 구별되는 이집트만의 특징이었다.

그 결과, 이집트에서는 여성이 최고 권력자인 파라오가 되는 일도 가능했다. 물론 여성 파라오는 반드시 결혼해서 남편과 공동으로 통치하는 형식을 취해야만 했다. 그래서 오빠나 남동생, 혹은 아들과 결혼해 공동 통치를 했다. BCE 51년에 즉위한 클레오파트라 7세Cleopatra VII도 남동생 프톨레마이오스 13세Ptolemy XIII와 결혼해서 공동으로 통치했다.

클레오파트라 7세는 자신을 이시스와 동일시했다. 그녀는 이시스가 자신의 모습으로 환생했다고 주장하기도 했다. 이렇게 그녀가 자신을 이시스로 표현했던 이유는 무엇이었을까. 남동생을 배제하고 독자적인 정치권력을 가지는 것, 다시 말해 여성도 홀로 최고 권력자인 파라오가 될 수 있다는 것을 보여주는 것이 그녀가 가진 정치적 야망이었다. 그래서 그녀는 이집트 신화 속 영웅인 이시스와 자신을 동일시했던 것이다.

그러나 1세기경, 로마 지배자들은 이시스 숭배를 부패의 상징으로 여겼다. 이시스의 환생인 클레오파트라 7세가 안토니우스Marcus Antonius와 동맹을 맺고 로마의 패권에 도전한다고 생각했기 때문이다. 결국 클레오파트라 7세의 사망 후 이집트에서는 프톨레마이오스 왕조의 통치가 종식되었다. 로마는 이집트를 속주로 지배하기 시작했고, 이시스 숭배를 억제했다.

2. 알렉산드리아와 프톨레마이오스 왕조

"만약 그가 신이 되고 싶다면 우리는 그저 신이라고 불러 주는 수밖에." 한 철학자의 말이다. 그는 13년의 재위 기간 중 10년을 원정에 보냈고, 직접 전투에 가담했다. 우리에게도 잘 알려진 영웅, 바로 알렉산드로스 대왕이다.

그의 업적 가운데 가장 주목할 만한 것은 페르시아 제국 정복이다. 페르시아 제국은 이란 고지대를 중심으로 서아시아와 중앙아시아, 그리고 러시아 남부와 카스피해 및 흑해 사이에 위치한 코카서스 지방을 지배했던 고대 제국이다. 그리스인들은 이란 남서부 해안 지역에 살고 있던 사람들을 '파르스Fars'라고 불렀는데, 여기에서 '페르시아'라는 이름이 유래되었다.

BCE 550년경, 키루스 2세Cyrus II는 페르시아 제국을 발전시켰다. 그 결과, 그리스의 여러 도시는 페르시아의 식민지가 되었다. 키루스 2세는 바빌론을 점령해서 당시 이 지역에 유배되어 있던 유대인을 해방시키기도 했다.

바빌론의 점령 이후 페르시아 제국은 세계의 중심으로 부상했다. 하지만 키루스 2세가 원정을 떠난 동안 반란이 일어났고, 반란을 진압한 다리우스 1세Darius I가 왕위에 올랐다. 이후 즉위한 크세르크세스 1세Xerxes I의 통치 기간 동안 페르시아 제국은 더욱 번영했다. 동쪽으로는 인도 북서부의 베아스 강에서부터 서쪽으로는 리비아까지, 남쪽으로는 아라비아 반도에서부터 북쪽으로는 흑해와 카스피해 사이에 위치한 코카서스 산맥 및 카자흐스탄과 우즈베키스탄 사이의 아랄 해까지 영토를 확장했다.

페르시아 제국이 넓은 영토를 효율적으로 통치하기 위해 고안한 방법 가운데 하나는 도로였다. BCE 5세기경, 엘람 제국의 왕도였던 수사에서 리디아 왕국의 수도였던 사르디스까지 연결했던 이 도로는 '왕의 길'이라 불렸다. 총길이가 무려 약 2,700km에 달했다.

한 가지 흥미로운 점은 '왕의 길'이 페르시아 제국의 주요 도시 간 경로에서 벗어나 있다는 사실이다. 이를 토대로 고고학자들은 도로의 서쪽 부분이 원래 아시리아 제국에서 건설된 것이라고 주장한다. 도로의 동쪽 부분은 고대 세계의 글로벌 네트워크인 실크로드의 교역로와 일치한다.

그래서 최근 학자들은 다리우스 1세가 이미 존재하는 도로의 서쪽 부분과 동쪽 부분을 연결하고, 도로 전체를 개선한 것으로 생각한다. '왕의 길' 덕분에 페르시아 제국은 중앙정부의 명령을 각 지방으로 빠르고 쉽게 전달할 수 있었다. 평상시에 도로는 상업 교역로로 사용되었고, 전쟁 시에는 수송로로 활용되

그림 3. 파올로 베로네세Paolo Veronese, <알렉산드로스 앞의 다리우스 가족>, 1565-1570년 作. 베로네세는 이탈리아 르네상스를 대표하는 화가이다. 독특하고 화려한 채색법을 보였고, 장대한 건축 공간을 배경으로 아름다운 복장을 한 사람들과 동물을 배치한 풍속화를 주로 그렸다. 이를 통해 16세기 베네치아의 화려한 생활풍속을 잘 보여주었다. <알렉산드로스 앞의 다리우스 가족> 역시 베로네세의 이러한 화풍에 부합하는 것으로서 BCE 333년 11월에 발생한 이수스 전투에서 패배하고 포로가 된 다리우스Darius 가족을 묘사했다.

었다.

하지만 아르타크세르크세스 1세Artaxerxes I 때부터 파벌이 형성되고, 제국이 분열되기 시작했다. 결국 페르시아 제국은 마케도니아의 알렉산드로스 대왕에 의해 멸망했다. 이후 페르시아 제국이 지배했던 바빌론과 중앙아시아의 여러 지역 역시 알렉산드로스 대왕에게 정복되었다.

알렉산드로스의 정복 전쟁은 페르시아로 끝나지 않았다. 그는 오늘날 파키스탄 지역을 공격하고, 더 나아가 인더스 강을 건너 인도까지 공격하기로 마음먹었다. 일부 학자들에 따르면,

그의 이러한 원정은 대륙의 동쪽 끝까지 정복한 후 그곳에 자신의 이름을 새긴 비석을 세우겠다는 허황된 계획 때문이었다.

BCE 326년에 알렉산드로스는 인도 아대륙 북서부에 위치한 파우라바를 공격했다. 이 왕국을 건설한 사람들은 푸루족으로 교역을 통해 번성했다. 당시 파우라바의 왕은 포로스_{Poros}였는데, 그리스의 기록에 따르면 그는 4천 명의 기병과 5만 명의 보병을 가지고 있었다. 알렉산드로스는 강을 사이에 두고 포로스와 대치했는데, 병력의 일부를 진영에 남겨두고 위장한 채 밤에 강을 몰래 건너 기병을 격파했다.

이 전쟁에서 포로스가 활용한 전투 무기는 바로 코끼리였다. 고대 인도에서는 코끼리를 전투에 활용했다. 전투 코끼리는 시속 30km의 속도로 돌진할 수 있기 때문에 적의 진형을 무너뜨리는 용도로 사용되었다. 혹은 적을 넘어뜨리거나 짓밟는데 활용되기도 했다. 코끼리를 본 적이 없는 사람들에게는 공포감을 조성했다. 하지만 쉽게 통제 불능 상태가 되어 날뛸 수 있기 때문에 조종이 매우 어려웠다. 이와 더불어 기병과 함께 출동하는 경우, 말이 코끼리에 공포심을 느끼는 경우도 존재했다.

포로스는 약 2백 마리 정도의 전투 코끼리를 이용했다. 알렉산드로스는 이 전투에서 가까스로 승리했다. 하지만 포로스로부터 인더스 강 너머 다른 국가들에는 전투 코끼리가 수천 마리 이상 있다는 이야기를 들었다. 이 이야기를 들은 마케도니아군

그림 4. 샤를 르브룅Charles Le Brun, <알렉산드로스와 포로스>, 1673년 作. 르브룅은 프랑스 화가로서 17세기 프랑스 최고의 화가이자 근대회화의 시조였던 니콜라 푸생Nicolas Poussin의 화실에서 그림을 배웠다. 루이 14세Louis XIV의 수석 화가로서 베르사유 궁전의 조경과 장식을 담당했다. <알렉산드로스와 포로스>는 용감히 싸우다가 결국 포로스Poros가 항복하는 장면을 그린 것이다. 알렉산드로스Alexandros는 그의 용맹함을 높이 사 그대로 왕위에 앉히고, 포로스는 그에게 충성하겠다고 맹세했다.

은 겁에 질렸고, 결국 알렉산드로스는 인더스 강을 넘어 인도를 정복하지 못했다.

알렉산드로스는 그리스 역사상 가장 넓은 영토를 개척한 왕이다. 페르시아 제국뿐만 아니라 이집트를 정복했고, 인도 부근까지 정복했다. 하지만 그의 정복은 물리적, 영토적 정복에만 국한되지 않는다. 그는 정복지의 관습이나 문화를 인정하고, 이를 수용했다. 아마도 페르시아 제국으로부터 영향을 받은 덕분일 것이다. 그 결과, 그리스 문화와 각 지역의 문화는 서로 융합되어 새로운 문화가 등장했다.

역사학자들은 이러한 문화를 "헬레니즘"이라고 부른다. 그리스 신화에 따르면, 제우스Zeus는 인간을 벌하기 위해 대홍수를

명화로 읽는 여왕의 세계사

일으켰다. 대홍수에서 유일하게 살아남은 인간은 데우칼리온Deukaliōn과 피라Pyrrha였다. 헬렌Hellen은 이들의 아들로서 '그리스인'을 뜻하는 용어로 사용된다.

BCE 2세기경, 그리스 역사학자 폴리비오스Polybios는 헬레니즘 문화를 통해 "역사가 진정으로 연결되었다"고 서술했다. 일부 학자들은 이 시기를 그리스 문화의 쇠퇴기로 평가하기도 한다. 그러나 오늘날 많은 학자들은 헬레니즘 문화를 그리스와 오리엔트 여러 지역의 문화가 서로 영향을 주고받아 탄생한 것으로 정의한다.

헬레니즘 문화에서는 무엇보다도 발달한 것은 자연과학이었다. 특히 천문학과 수학이 발달했다. 에라토스테네스Eratosthenes는 천구의 북극과 남극 및 천정zenith을 잇는 자오선을 측정했고, 아리스타르코스Aristarchos는 달과 태양의 거리를 계산했다. '유레카' 일화로 유명한 아르키메데스Archimedes는 원주율의 근사치를 최초로 계산했고, 지렛대 원리를 응용했으며, 유클리드Euclid는 <기하학원론>을 집필했다. 이들의 학문은 그리스를 넘어 다른 지역으로 전파되었다.

알렉산드로스는 페르시아 제국을 정복 이후 점령지에 많은 도시를 건설했다. 새로운 땅에 도시를 건설한 경우도 있었고, 원래 존재하던 도시의 이름을 바꾸기도 했다. 그는 이 도시들을 '알렉산드리아'라고 불렀다. 학자들에 따라 그 수가 다르긴 하지만, 당시 세워진 알렉산드리아는 30~70개에 달했던 것으로 알려져 있다.

이 가운데 가장 유명한 알렉산드리아는 바로 이집트의 알렉산드리아다. 지중해에 인접해 있는 알렉산드리아는 이집트에서 카이로 다음으로 큰 도시이자 가장 큰 항구도시이다. 역사학자들에 따르면, BCE 332년경에 알렉산드로스 대왕이 건축가이자 기술 고문인 디노크라테스Dinocrates에게 이 도시를 건설하도록 했다.

프톨레마이오스는 알렉산드로스의 장관이자 부관이었다. 알렉산드로스의 사망 후 이집트의 '사트라프Satrap'로 임명되었다. 사트라프는 페르시아 제국의 속주인 사트라페이아Satrapeia를 통치하는 총독을 의미한다. 페르시아 제국의 건설자 키루스 2세는 광범위한 영토를 많은 속주로 나누었다. 다리우스 1세는 속주에 사트라프를 임명하고, 이들에게 속주의 행정이나 사법, 조세, 군사 등의 업무를 담당하도록 했다. 그리고 이들의 권한을 견제하기 위해 '왕의 눈'이라 불리는 순찰관을 두었다.

프톨레마이오스는 BCE 305년에 프톨레마이오스 1세Ptolemy 1로 이집트의 통치자가 되었다. 신진을 복구하고, 종교직 관용정책을 통해 민심을 수습하고자 했다. 하지만 프톨레마이오스의 가장 뛰어난 업적은 학문과 예술의 후원이었다. 그는 고대세계에서 가장 큰 도서관인 알렉산드리아 도서관을 건설했다. 한 문서에 따르면, 이 도서관은 프톨레마이오스 1세가 아들 교육을 위해 설립한 무세이온Mouseion으로부터 유래했다.

무세이온은 헬레니즘 세계의 학당을 의미한다. 그리스 신화에는 음악과 시를 관장하는 9명의 여신이 등장한다. 이들을 '무사Muse'라고 부르는데, 무세이온은 이들의 사당이었던 것이 학당으로 발전한 것이다. 알렉산드로스 대왕의 정복 전쟁과 더불어 여러 지역으로 확산되었는데, 이집트 알렉산드리아에서는 천문학이나 물리학 등 여러 분야의 학자들이 모여 학문을 연구했다.

초기에 알렉산드리아 도서관은 무세이온 근처에 세워졌다. 전문가들은 알렉산드리아가 교역이 발달했던 항구 지역이었기 때문에 여러 지역으로부터 새로운 도서 수집이 가능했다고 추정한다. 국경을 넘어 수많은 지식이 축적되었는데, 당시 알렉산드리아 도서관은 세계 최대의 도서관이었다.

알렉산드리아 도서관은 단순히 자료를 수집하는 기능만 담당하지 않았다. 이 시기에 도서관은 학자들에게 여행과 숙박, 급여를 제공해주었다. 따라서 전 세계적으로 많은 학자들이 도서관으로 모여들어 학문을 연구했고, 자연스럽게 알렉산드리아 도서관은 수학이나 천문학, 기하학 등 전 세계 학문의 중심지로 부상할 수밖에 없었다.

또한 알렉산드리아 도서관은 이 시기 문화의 중심지이기도 했다. 도서관에서는 그리스 문헌을 수집하고 보존했다. 뿐만 아니라 인접한 국가들의 문헌도 그리스어로 번역해서 보존했다. 헬레니즘 문화에서 추구하는 그리스 문화와 다른 지역 문화의 융합이 알렉산드리아 도서관에서 구현된 것이다. 이러한 점에서 본다면, 알렉산드리아 도서관은 그야말로 학문과 문화의 중심지였다고 할 수 있다.

알렉산드리아 도서관을 중심으로 알렉산드리아는 고대 세계에서 가장 번영하는 대도시였다. 이곳을 수도로 삼은 프톨레마이오스 왕조는 BCE 30년에 멸망할 때까지 이집트를 지배했다. 한때 동쪽으로는 리비아와 누비아, 팔레스타인 지역까지 지배하면서 지중해 동쪽 패권을 장악했다. 하지만 프톨레마이오스 4세_{Ptolemy IV} 이후 부정부패가 극심했고, 마케도니아인 지배에 대한 이집트인의 반감도 증가하기 시작했다.

프톨레마이오스 왕조는 다른 헬레니즘 국가들과 마찬가지로 소수의 마케도니아인들이 다수의 원주민을 지배하는 통치 구조를 가지고 있었다. 하지만 한 가지 차이점이 존재했다. 셀레우코스 제국의 경우, 토착 문화를 탄압하고 그리스 문화로의 동화를 강요했기 때문에 갈등과 반란이 빈번했다. 프톨레마이오스 왕조가 지배한 이집트는 오랜 역사와 문화를 가진 지역이었기 때문에 토착 문화나 종교에 우호적일 수밖에 없었다.

그래서 프톨레마이오스 왕조의 통치자들은 이집트 신을 경배하고, 신전을 건설했다. 대중 앞에 나설 때에는 언제나 파라오의 복식을 갖추었다. 또한 이집트 전통에 따라 통치자들은 근친상간 풍습을 시행했다. 남성 통치자들은 모두 '프톨레마이오스'라는 이름을 사용했고, 여성 통치자들은 '클레오파트라', '베레니케'라는 이름을 사용했다. 그러나 이들은 마케도니아인으로서의 민족적 정체성과 문화적 자부심을 여전히 가지고 있었다. 결국 프톨레마이오스 통치자들은 이집트인들과 분리된 채 존재했던 것이다.

가장 심각한 것은 바로 군사적 측면이었다. 프톨레마이오스 왕조는 안정적인 통치를 위해 마케도니아 군인들에게 땅을 주고 정착시켰다. 하지만 그리스로부터 인구 유입이 감소함에 따라 용병을 고용하기 시작했다. 셀레우키아 제국과 끊임없는 전쟁이 벌어졌지만, 군사력은 계속 약화될 수밖에 없었다. 결국 프톨레마이오스 왕조는 통치력을 상실하기 시작했다.

더욱이 프톨레마이오스 7세Ptolemy VII 이후 빈번하게 나타난 암투로 정치적 위기는 더욱 심각해졌다. 결국 프톨레마이오스 왕조는 로마와의 동맹을 통해 가까스로 명맥을 유지할 수 있었다. 하지만 로마는 이집트를 속주로 삼고자 했고, 그 속에서 이집트를 지키기 위해 한 여성 통치자의 외교술이 펼쳐졌다. 바로 클레오파트라 7세이다.

3. 클레오파트라 7세와 팜므파탈

사랑은 제멋대로인 한 마리 새/누구도 길들일 수 없어
누구든지 불러도 소용없어/한 번 싫다면 그만이야

협박도 애원도 소용없어/한쪽이 입을 열면 한쪽은 입을 닫네
이쪽에 마음이 있어/말은 없어도 좋아져

사랑은! 사랑은! 사랑은! 사랑은!

이는 <사랑은 들새>라는 곡의 가사 일부이다. 흔히 <아바네
라>라고 불린다. 프랑스 작곡가 조르주 비제Georges Bizet는 쿠바
아바나에서 유행하는 춤곡 멜로디를 차용해 아리아를 작곡했
다. 바로 <카르멘>이다. 카르멘Carmen은 알 안달루스 세비야의
담배공장에서 일하는 여성이었다. 당시 이런 여성들은 사회 최
하층으로서 대부분 집시였는데, 그녀 역시 마찬가지였다.

그녀는 빨간 드레스를 입고, 빨간 장미꽃을 입에 문 채 <아바
네라>를 부르면서 호세Jose에게 추파를 던진다. 담배공장 여공
들 사이에서 발생한 싸움 때문에 카르멘은 폭행죄로 체포되지
만, 호세를 유혹해 도주에 성공한다. 그렇지만 호세는 유랑 생
활에 불안감과 회의를 느끼고, 카르멘은 호세가 자신과 맞지
않는다고 느낀다. 결국 호세는 질투와 원망으로 그녀를 위협하

명화로 읽는 여왕의 세계사

고 고향으로 되돌아간다. 하지만 그녀를 잊지 못해 다시 시작하자고 애원했다. 호세는 카르멘이 이를 거절하자 결국, 자신의 인생도 파멸로 치닫고 만다.

많은 학자들은 카르멘을 '팜므파탈Femme fatale'의 화신으로 설명한다. 팜므파탈은 '치명적인 여성'을 뜻하는 프랑스어로서 흔히 악녀의 대명사로 불린다. 주로 화려한 외모와 선정적인 몸매를 지닌 여성이 남성을 유혹한 후 파멸로 이끌거나 함께 멸망하는 것을 이를 때 사용된다.

카르멘처럼 남성을 유혹하여 파멸로 몰고 가는 팜므파탈은 신화나 <성경>에도 등장한다. 트로이 전쟁의 원인으로 지목된 헬레네Helene나 세례자 요한의 목을 원했던 살로메Salome, 다윗과 간통한 밧세바Bathsheba가 대표적이다. 헬레네는 트로이로 도주하는 바람에 그리스와 트로이 사이에 전쟁을 초래했다. 살로메는 헤롯Herodes의 생일날 춤을 추고 소원으로 세례자 요한John the Baptist의 목을 원해 그를 죽게 만들었다. 그리고 밧세바의 목욕 장면을 본 다윗David은 사랑에 빠졌고, 그들은 간통했다.

오랫동안 많은 사람들은 이 여성들을 팜므파탈의 전형으로 몰았다. 그런데 과연 전쟁이나 죽음이 그녀들 때문에 발생한 것일까? 신화 속 트로이 전쟁의 원인은 파리스Paris가 헬레네를 유혹한 것이었다. 그리고 실제로 트로이 유적이 발견되면서 에게 해와 흑해를 잇는 다르다넬스 해안을 점령했던 트로이와 흑해

그림 5. 귀스타브 모로Gustave Moreau, <환영>, 1876년 作. 19세기 프랑스 상징주의
화가 모로는 신화나 성서에서 소재를 찾아 환상적인 그림을 즐겨 그렸다. 당시 화
가들은 아일랜드 소설가 오스카 와일드Oscar Wilde의 희곡 <살로메>에 열광해서 살
로메를 많이 그렸는데, 모로 역시 이 이야기에 매료되어 살로메를 반복적으로 그
렸다. <환영>은 살로메Salome와 목이 잘린 세례자 요한John the Baptist이 서로 마주 보
고 있는 장면을 그린 것으로 비평가들은 모로의 그림 속에 등장한 살로메를 '저주
받은 아름다움을 지닌 여인'으로 표현했다.

교역을 시도했던 그리스인들 사이의 충돌 때문에 전쟁이 발발했던 것으로 추정된다.

살로메는 사실 <성경>에 그 이름이 등장하지 않는다. 그저 '헤로디아Herodias의 딸'로만 기록되어 있다. 헤로디아는 남편 헤롯의 동생 빌립Philip과 결혼했다가 이혼하고 헤롯과 결혼했다. 당시 이는 유대 율법에 어긋나는 일이었기 때문에 세례자 요한은 이를 반대했다. 이를 두고 헤로디아는 요한을 미워했고, 자신의 딸을 시켜 요한을 죽음으로 몰고 갔다.

사랑에 빠진 다윗은 유부녀인 밧세바를 데려왔고, 그녀는 임신했다. 다윗은 전쟁에 출전했던 밧세바의 남편 우리야Uriah를 불러 잠자리를 가지게 하고, 그들의 아이인 것처럼 속이려 했다. 하지만 실패하고 말았다. 결국 우리야는 다윗의 계략으로 가장 치열한 전투에서 사망한다. 그리고 밧세바는 다윗과 결혼했지만, 이 죄의 대가로 그들은 첫 번째 아기를 잃었다. 결국 팜므파탈이라고 비난받았던 여성들은 시각을 다르게 본다면, 가해자라기보다는 오히려 또 다른 피해자일 수 있다.

BCE 48년에 로마 장군 폼페이우스Gnaeus Pompeius Magnus가 이집트에 왔다. 검투사 출신 노예였던 스파르타쿠스Spartacus 반란을 진압하고, 해적을 소탕하면서 당시 그는 로마 최고의 권력자였다. 그러나 율리우스 카이사르Gaius Julius Caesar와 대립하게 되었고, 카이사르가 로마로 돌아오자 로마를 포기하고 동방으로

그림 6. 렘브란트 반 레인Rembrandt Harmenszoon van Rijn, <목욕하는 밧세바>, 1654년 作. 네덜란드 황금시대의 대표적인 화가 렘브란트는 이전 화가들과 다른 방식으로 밧세바를 그렸다. 대부분의 작품에서는 다윗David과 밧세바Barthsheba 함께 등장시켰던 반면, 그는 다윗의 편지를 읽고 체념한 듯한 밧세바만 표현했다. 왕의 편지로 혼란스러워하는 그녀를 팜므파탈이라기보다는 피해자이자 죄인처럼 표현한 것이다. <목욕하는 밧세바>는 빛과 명암법을 통해 극적인 효과를 만들고, 밧세바의 나체를 더욱 아름답게 만든다. 색채의 풍부함과 밧세바의 심리에 대한 표현 덕분에 이 작품은 렘브란트의 위대한 걸작 중 하나로 손꼽히고 있다.

명화로 읽는 여왕의 세계사

이동했다. 결국 모든 것을 잃고 알렉산드리아까지 왔지만, 이집트에서도 그를 반기지 않았다.

당시 이집트는 프톨레마이오스 13세와 클레오파트라 7세가 공동 통치자였다. 이들은 관습에 따라 결혼하고 공동으로 왕위에 올랐다. 즉위 당시 클레오파트라 7세의 나이는 18세였고, 프톨레마이오스 13세의 나이는 10세였다. 그래서 초기에는 클레오파트라 7세가 대부분의 정사를 담당했다.

클레오파트라 7세는 어렸을 때부터 알렉산드리아 도서관의 방대한 저서를 읽으면서 해박한 지식을 쌓았다. 역사학자들에 따르면, 그녀는 천부적인 언어 능력을 가지고 있었다. 고대 그리스 저술가 플루타르코스는 클레오파트라 7세의 언어 능력에 대해 이렇게 묘사하고 있다. "상대가 그리스인이 아니어도 통역을 두고 말하는 경우는 드물었다. 그녀는 에티오피아어, 히브리어, 아랍어, 메디아어, 파르티아어 등 여러 민족의 말을 할 수 있었다. 선대 왕들은 이집트어조차 배우지 않았고, 마케도니아어 글쓰기를 포기한 왕도 있었다."

클레오파트라 7세의 아버지 프톨레마이오스 12세Ptolemy XII는 로마와의 동맹으로 정치적 권위를 유지했다. 당시 카이사르는 이집트를 로마의 속주로 만들고자 했는데, 프톨레마이오스 12세는 뇌물을 주어 가까스로 이집트 왕위를 유지했다. 이러한 정치적 위기 속에서 클레오파트라 7세는 프톨레마이오스 13세를 배제하고 정치권력을 독차지해 이집트를 강력한 국가로 만들려 했다. 하지만 실패해서 나일 강 유역으로 추방당했다.

이 시기에 카이사르가 이집트를 방문했다. 알렉산드리아로 피신한 폼페이우스를 프톨레마이오스 13세의 부하가 암살했기 때문이다. 클레오파트라 7세는 카이사르와 협력하여 정치권력을 되찾고, 이집트를 부강하게 만들고자 했다. 결국 카이사르는 이집트 왕실 전쟁에 개입해 클레오파트라 7세를 지원했다. 이 전쟁으로 프톨레마이오스 13세가 사망했고, 클레오파트라는 막내 남동생과 재혼해 실권을 장악했다.

BCE 47년에 클레오파트라 7세는 남자아이를 낳았다. 그 아이는 카이사르와 클레오파트라 7세의 아이로 알려졌다. 역사학자들에 따르면, 실제로 카이사르의 아들인지 정확하지 않다고 한다. 하지만 당시 이집트인들은 이 아이를 작은 카이사르라는 의미에서 '카이사리온Caesarion'이라고 불렀다. 그리고 클레오파트라 7세는 더 큰 야망을 가지게 되었다. 카이사리온을 통해 이집트뿐만 아니라 로마까지 통치하려는 꿈이었다.

그러나 BCE 44년 3월, 카이사르가 암살당했다. 암살을 주도했던 공화파를 세서하고, 로마는 옥타비아누스Gaius Octavianus가, 그리고 동방 지역과 이집트는 안토니우스가 지배했다. 당시 안토니우스가 통치하던 동방 지역에서는 로마의 오랜 적대국 파르티아 제국이 로마 영토인 시리아를 침공했다. 파르티아 제국

명화로 읽는 여왕의 세계사

그림 7. 장 레옹 제롬Jean Leon Gerome, <클레오파트라와 카이사르>, 1866년 作. 신고전주의 화가인 제롬은 꼼꼼하고 정확하게 장면을 묘사하는 것으로 잘 알려져 있다. 특히 동양을 주제로 이국적이고 관능적인 그림을 많이 그렸다. <클레오파트라와 카이사르>는 클레오파트라 7세Cleopatra VII가 카이사르Caesar에게 융단을 선물하고, 그 속에 자신이 들어가 카이사르를 만났다는 이야기를 그린 그림이다. 이렇게 카이사르를 만난 클레오파트라는 이집트를 지배할 정치권력을 확보하고, 더 나아가 이집트와 로마를 지배할 야망까지 가지게 되었다.

은 카이사르를 암살한 브루투스Marcus Junius Brutus를 적극적으로 지원하기도 했다.

이러한 상황 속에서 안토니우스가 이집트를 방문했다. 초기에 이들은 정치적으로 절실한 동맹 관계였다. 이집트를 강력한 독립 국가로 만들려고 했던 클레오파트라 7세의 입장에서는 안

그림 8. 클로드 로랭Claude Lorrain, <타르수스에 도착한 클레오파트라>, 1642-1643년 作. 17세기 풍경화가 로랭의 작품은 빛의 인상적인 사용과 광택이 나는 색채로 매우 유명하다. 이는 얇고 반투명한 물감층을 여러 겹으로 쌓아 그림 표면을 구성하는 기법을 통해 발생하는 효과이다. 로랭은 특히 라파엘로Raffaello Sanzio로부터 많은 영향을 받은 것으로 알려져 있다. <타르수스에 도착한 클레오파트라>는 타르수스에 도착한 안토니우스Antonius를 만나기 위해 클레오파트라 7세Cleopatra VII가 방문한 것을 그린 그림이다. 이 그림은 두 사람이 석양이 물드는 항구에서 만나는 장면을 그린 것으로 환상적인 고대의 이미지를 풍기고 있다.

명화로 읽는 여왕의 세계사

토니우스의 군대가 필요했다. 로마에서의 권력 기반을 다지기 위해 안토니우스는 파르티아 제국 원정에 필요한 자금 및 보급품을 이집트로부터 지원받고자 했다.

안토니우스는 이집트의 도움으로 파르티아 제국 원정을 시도했다. 약 6만 명, 16개 군단으로 구성된 군대를 이끈 그는 아르메니아를 경유해 파르티아 제국 국경까지 도달했다. 그러나 기병대를 제공하기로 했던 아르메니아 왕이 도주했기 때문에 파르티아 제국 원정은 결국 성공하지 못했다.

BCE 36년에 안토니우스는 클레오파트라 7세의 도움으로 아르메니아를 공격했다. 그리고 전쟁에서 승리해 개선식을 거행했다. 개선식은 전쟁이나 전투에서 승리한 장군이나 올림픽에서 우승한 선수를 기념하기 위한 행사이다. 이 시기 로마 제국에서 개선식은 군인으로서 누릴 수 있는 최고의 영광이었다.

개선식을 거행할 때 개선장군이 시민들에게 선물 공세를 하는 것은 관례였다. 개선장군은 4마리의 말이 끄는 전차를 몰고 로마 성문으로 입성했다. 그리고 수레에 실린 적의 왕이나 귀족 포로들, 귀중품들이 시민들에게 공개되었다. 이러한 개선식은 민심에 엄청난 영향을 미쳤다.

개선식에는 재미있는 관습도 있다. 행진하는 병사들이 개선장군을 놀리는 것이다. 교만해진 개선장군이 신의 질투나 노여움을 사서 다음 전투에는 질 수 있다고 생각했기 때문이다. 개선장군 뒤에는 월계관을 든 노예가 있었는데, 이 노예는 개선식이 끝날 때까지 '당신도 한낱 인간에 지나지 않습니다'라는 말을 계속 되풀이했다. 바로 여기에서 유래된 말이 '죽음을 기억하라'는 격언인 '메멘토 모리Memento mori'이다.

그러나 개선장군이 개선식을 치를 때 반드시 지켜야 할 것이 있었다. 개선식은 로마 제국의 수호신에게 승리의 영광을 바치는 행사였다. 따라서 다른 나라나 도시에서 개선식을 하는 것은 로마가 아닌 다른 나라와 도시의 신에게 영광을 바친다는 의미가 된다. 이는 로마 제국의 수호신을 배신하는 행위로 간주되었다. 로마 시민들에게 이러한 행위는 결코 이해하거나 납득할 수 없는 것이었다.

그런데 아르메니아 정복에 성공한 안토니우스는 로마 대신 알렉산드리아에서 개선식을 거행했다. 개선식에서 그는 클레오파트라 7세를 진정한 여왕으로 묘사했다. 그리고 카이사리온을 카이사르의 적법한 후계자로 공표하고, 이탈리아와 로마의 통치권을 물려주겠다고 선언했다. 자신과 그녀 사이에 태어난 아이들에게는 동방 속주의 통치권을 물려주었다. 이러한 그의 행위는 로마인들에게 엄청난 충격을 주었다.

옥타비아누스를 이 기회를 잘 활용했다. 그는 알렉산드리아에서 거행된 개선식을 계기로 이집트를 로마 제국의 적으로 만들었다. 물론 여기에는 클레오파트라 7세도 포함되어 있있다.

옥타비아누스는 안토니우스의 유언장을 입수했는데, 거기에는 클레오파트라 7세와 함께 자신을 로마가 아닌 알렉산드리아에 묻어달라고 되어 있었다. 옥타비아누스는 이를 로마 시민들에게 공표해서 안토니우스의 배신을 널리 알렸다. 그리고 클레오파트라 7세의 "매춘부 여왕" 이미지를 조장했다.

옥타비아누스와 안토니우스는 엄청난 비난과 선전전을 벌였다. 안토니우스는 옥타비아누스가 카이사르의 적법한 후계자가 아닌데 권력을 찬탈한 자라고 비난했다. 옥타비아누스는 안토니우스가 원로원을 무시하고 외국과 전쟁을 벌였고, 불법으로 동방 속주를 찬탈하고, 그 영토를 자식들에게 물려주었다고 주장했다. 결국 BCE 32년에 원로원은 안토니우스를 해임했다. 그리고 로마 제국은 클레오파트라 7세에게 전쟁을 선포했다.

BCE 33년에 옥타비아누스는 로마 제국 최고 사령관으로 전쟁에 참전했다. 안토니우스와 클레오파트라 7세는 지중해 동부의 여러 지역을 통치했기 때문에 이들을 상대하기 위해서는 대규모 함대가 필요했다. 기록에 따르면, 5백 척 이상의 전함과 3백 척의 수송선, 10만 명의 보병과 1만 2천 명의 기병이 동원되었다. 안토니우스 군대는 약 40만 명 정도로 추정된다.

옥타비아누스는 로마 군대의 지휘를 연륜과 경험이 많은 아그리파 Marcus Vipsanius Agrippa 에게 맡겼다. 그는 안토니우스 함대의 보급로를 차단하고, 가장 취약한 곳을 집중적으로 공략했다.

악티움 해전에서 안토니우스 함대는 약 5천 명이 사망했다. 그리고 그를 돕기 위해 파병된 클레오파트라 7세의 군대는 도망가 버리고 말았다.

안토니우스와 클레오파트라 7세는 이집트까지 추격당했다. 결국 안토니우스는 스스로 목숨을 끊었다. 로마 역사가 리비우스Titus Livius에 따르면, 클레오파트라 7세는 옥타비아누스가 자신을 포로로 로마에 데려가 행진시킬 계획이라는 사실을 알자 스스로 목숨을 끊어 치욕을 면하기로 결정했다.

클레오파트라 7세의 죽음과 관련해 많은 학자들이 다양한 학설을 제기하고 있다. 플루타르코스는 무화과 바구니에 든 작은 독사 때문으로 추정했다. 고대 로마 역사가 카시우스 디오Cassius Dio는 바늘을 사용했을지도 모른다고 주장했다. 18세기 이탈리아 해부학자 조반니 모르가니Giovanni Battista Morgagni는 클레오파트라 7세가 뱀에 물려 사망했을 가능성이 있다고 주장했던 반면, 이탈리아 의사 조반니 란치시Giovanni Maria Lancisi는 그녀가 독을 마셨을 것이라고 생각했다.

"그녀의 코가 조금만 낮았더라면 지구의 표면이 변했을 것이나." 이 말은 유명한 프랑스 수학자 블레즈 파스칼Blaise Pascal의 말이다. 많은 사람들은 파스칼의 말을 인용하면서 클레오파트라 7세를 엄청난 미인의 대명사로 사용해왔다. 빼어난 미모와 매혹적인 목소리로 남성들을 사로잡았고, 옥타비아누스에게

그림 9. 후안 루나Juan Luna, <클레오파트라의 죽음>, 1881년 作. 루나는 19세기 말 필리핀 화가이자 조각가로서 스페인과 우호적인 관계를 형성하고 작품 활동을 했다. 그의 그림은 외젠 들라크루아Ferdinand Victor Eugène Delacroix나 렘브란트 반 레인Rembrandt van Rijn으로부터 많은 영향을 받아 낭만주의 화풍을 보여주고 있다. <클레오파트라의 죽음>은 루나의 졸업 작품으로 그려진 것으로 스페인 정부가 인수했다.

패해 독사에게 물려 스스로 목숨을 버린 팜므파탈이 대중들이 그녀에 대해 가지고 있는 이미지이다.

그러나 실제로 클레오파트라 7세는 당대 최고의 지성을 가진 여왕이었다. 알렉산드리아 도서관의 수많은 도서들을 읽으면서 지식과 교양을 쌓았다. 학자들에 따르면, 그녀는 9개 국어에 능통했다. 프톨레마이오스 왕조의 파라오들은 토착 이집트어를 배우지 않았지만, 클레오파트라 7세는 이집트어를 배웠던 최초이자 최후의 파라오였다. 그녀는 이집트에서 가장 존경받는 이시스의 환생이었다. 따라서 이집트 내에서 그녀의 인기는 그야말로 엄청날 수밖에 없었다.

더욱이 클레오파트라 7세는 야심찬 정치가였다. 그녀는 로마에 기대어 가까스로 왕위를 유지하고 있던 이집트를 강력한 독립 국가로 만들고자 했다. 이를 위해 그녀는 카이사르나 안토니우스와 정치적 동맹 관계를 유지했다. 하지만 이러한 그녀의 노력에도 불구하고, 이집트는 몰락할 수밖에 없었다.

근본적으로는 소수의 마케도니아인들이 다수의 이집트인들을 지배하는 정치구조가 문제였다. 로마와의 동맹 관계 유지를 위해 프톨레마이오스 왕조는 이집트인들을 가혹하게 착취했고, 가장 필수적인 군사력조차 제대로 확보하지 못했다. 근본적인 구조를 개혁하지 못한 채, 이집트를 구하기 위한 그녀의 노력은 로마 제국에 의해 부정하고 부패한 것으로 간주되었다. 그리고 클레오파트라 7세는 팜므파탈로만 인식되어 오랫동안 편견과 오해 속에 갇혀 버렸다. 이제 오시리스를 부활시킨 신화 속 영웅 이시스처럼 그녀에 대한 새로운 역사적 해석이 필요한 시기이다.

Ⅱ

우리나라 역사상
최초의 여왕, 선덕여왕

우리나라 역사상 최초의 여왕, 선덕여왕

1. 신라의 발전과 골품제도

천지가 생겨나기 전에는 어두운 혼돈만 존재했다. 이 혼돈은 마치 알과 같은 형태였다. 갑자기 이 알을 깨고 거인이 태어나 천지를 둘로 나누었다. 양기를 띤 물질은 위로 올라가 하늘이 되었고, 음기를 띤 물질은 아래로 내려가 땅이 되었다. 그리고 거인은 중간에서 하늘과 땅이 제자리로 돌아가지 못하도록 양쪽을 떠받치고 있었다. 이렇게 1만 8천 년이 지나자 하늘과 땅은 더 이상 제자리로 돌아갈 수 없었다. 중국에 전해오는 창조 신화인 '빈고신화'이다.

동아시아에서 알은 신화 속에 자주 등장한다. 우리나라도 예외는 아니다. 우리말로 알은 태양을 상징한다. 그래서 자신들의 시조가 하늘로부터 내려온 신성한 존재임을 강조한다. 다시 말해, 특별한 탄생의 비밀과 신비감을 통해 시조를 영웅시하는 것이다.

현재까지 우리나라에 전해져 오는 역사서 가운데 가장 오래된 것은 <삼국사기>이다. 일부 학자들은 <화랑세기>가 현존하는 가장 오래된 역사서라고 주장한다. <화랑세기>는 신라 중기 역사학자 김대문金大問이 저술한 화랑들의 전기이다. <삼국사기>에 <화랑세기>의 구절이 인용되어 있는 것으로 보아 고려 때까지는 존재했던 것으로 볼 수 있다.

1989년에 <화랑세기>의 필사본이 발견되었다. 그리고 1995년에는 보다 자세한 필사본이 공개되었다. 이 필사본에는 32명 화랑의 계보와 삶이 기술되어 있는데, 그 진위 여부를 둘러싸고 논란이 계속되고 있다. 특히 고고학적 발견과 <화랑세기> 필사본의 내용이 부합되지 않는 점이 많아 대부분의 한국사 연구자들은 <화랑세기> 필사본을 위서라고 생각한다.

先是, 朝鮮遺民分居山谷之間, 爲六村.一曰閼川楊山村, 二曰突山高墟村, 三曰觜山珍支村, 或云干珍村. 四曰茂山大樹村, 五曰金山加利村, 六曰明活山高耶村. 是爲辰韓六部. 高墟村長蘇伐公望楊山麓, 蘿井傍林間, 有馬跪而嘶.則往觀之, 忽不見馬, 只有大卵. 剖之, 有嬰兒出焉. 則收而養之. 及年十餘歲,岐嶷然夙成.六部人以其生神異, 推尊 之, 至是立爲君焉.辰人謂瓠爲朴, 以初大卵如瓠, 故以朴爲姓.

조선의 유민들은 산곡 사이에 나누어 살아 6촌을 이루었다. 첫 번째는 알천 양산촌, 두 번째는 돌산 고허촌, 세 번째는 취산 진지촌 혹은 간진촌이라고 했다. 네 번째는 무산 대수촌, 다섯 번째는 금산 가리촌, 여섯 번째는 명활산 고야촌이라고 했으니 이것이 진한 6부이다. 어느 날 고허촌장 소벌공이 양산 기슭을 바라보니 나정 곁의 숲 사이에 말 한 마리가 무릎을 꿇고 울고 있었다. 그래서 가보니 말은 보이지 않고 큰 알이 하나 있어 깨뜨려 보니 한 아이가 나왔다. 소벌공은 아이를 데리고 와 잘 길렀 는데, 10세가 되자 유달리 성숙했다. 6부 사람들은 그 아이의 출생이 신기해서 모두 우러러 받들어 왕으로 모셨다. 진한 사람들은 표주박을 '박 瓠'이라고 불렀는데, 혁거세가 난 큰 알의 모양이 표주박처럼 생겨서 성을 박으로 하였다.

<삼국사기> 제 1권 신라본기 1에는 박혁거세朴赫居世의 탄생을 이렇게 서술하고 있다. 박혁거세는 신라의 시조이다. 13세기 말에 보각국사普覺國師 일연 一然이 편찬한 <삼국유사>에도 그의 탄생을 비슷하게 서술하고 있다. 하늘에서 내려온 백마가 나정에 가져온 알에서 혁거세가 태어났고, 이후 '천자天子'라고 불렸다. 이렇게 신비롭게 등장한 박혁거세는 6촌 촌장들의 추대로 왕에 올랐다.

신라는 한반도에 존재했던 세 나라 중 가장 먼저 등장했다. 그리고 우리나라 역사 속에서 가장 오랫동안 존속했다. 신라라는 이름은 '녁업일신 망라사방菩德業日綱羅四方'에서 유래된 것이다.

명화로 읽는 여왕의 세계사

그림 10. 살바도르 달리Salvador Dali, <새로운 인간의 탄생을 지켜보는 지정학적 아이>, 1943년 作. 20세기 초현실주의 화가 달리는 독창적인 상상력을 통해 세상을 새롭게 보는 그림을 그렸다. 이 그림은 아이와 엄마가 지켜보는 가운데 알에서 태어나는 인간을 그린 것으로서 달리의 가장 유명한 작품 중 하나이다. 헤비메탈 그룹 제임스 갱James Gang의 앨범 표지에 사용되기도 했다.

<삼국사기> 4권 신라본기 제 1 지증마립간에는 다음과 같은 기록이 존재한다.

四年冬十月, 群臣上言. "始祖創業已來, 國名未定, 或稱斯羅, 或稱斯盧, 或言新羅. 臣等以爲, 新者德業日新, 羅者網羅四方之義, 則其爲國號宜矣. 又觀自古有國家者, 皆稱帝稱王, 自我始祖立國, 至今二十二世, 但稱方言, 未正尊號, 今群臣一意, 謹上號新羅國王" 王從之.

지증왕 4년 10월에 군신이 말하기를 "시조께서 나라를 세운 이래로 나라 이름이 일정치 아니하여 사라, 사로, 신라라고 하였으니 신들은 생각건대 '신新'은 덕이 날마다 새로워지고, '라羅'는 동서남북의 것들을 널리 받아들여 모두 포함한다는 의미이 므로 이를 국호로 삼는 것이 좋을 듯합니다. 또 생각건대 자고로 국가를 가진 이를 다 제왕이라고 칭하였는데 우리 시조가 건국한 지 지금 22대에 이르도록 단지 방언으로 칭하여 존호를 정하지 아니하였으니 지금 군신은 한뜻으로 삼가 신라국왕新羅國王이라는 존호를 올립니다"라고 하니 왕이 이를 좇았다.

신라는 독자적인 연호를 가진 국가이기도 했다. 6세기 초에는 건원建元이라는 연호를 사용했고, 6세기 중반에는 개국開國이라는 연호를 사용했다. 이후 대창大昌이나 홍제鴻濟, 건복建福, 인평仁平, 태화太和 등의 연호를 사용했다. 이후 당나라와 외교를 하면서 중국의 연호를 수용했던 것으로 알려져 있다.

명화로 읽는 여왕의 세계사

독자적으로 연호를 제정하고 사용한다는 것은 황제나 제국 등을 자처하는 행위였다. 따라서 이 시기에 신라가 상당히 발전했던 것을 짐작해볼 수 있다. 실제로 신라 최초의 연호인 건원을 사용했던 법흥왕法興王 때 신라는 국가의 기반을 마련했다. 520년에 율령을 반포하고, 527년에 불교를 공인했다. 이를 바탕으로 법흥왕은 상대등을 설치하고, 왕의 권위를 보장했다. 그리고 가야를 합병하여 신라의 국력을 강화시켰다.

신라의 전성기는 제24대 진흥왕眞興王 때 시작되었다. 외조부인 법흥왕이 아들 없이 사망하자 그 뒤를 이어 어린 나이에 왕위에 올랐다. 이후 직접 정치를 하면서 건원이라는 연호를 개국으로 바꾸었다. 이 시기에 고구려와 백제는 세력이 점차 약화되었다. 고구려는 내분과 돌궐의 침입으로 불안정했고, 백제는 수도를 옮기고 새로운 발전을 추구하는 중이었다.

과거에 우리나라에서 고고학에 대한 관심은 매우 낮았다. 무덤을 파헤치는 일은 금기였기 때문이다. 학문으로서 고고학을 발전시켰던 대표적인 사람은 추사 김정희秋史 金正喜이다. 우리에게는 서화가로 알려져 있지만, 실제로 그는 뛰어난 금석학자였다. 금석학金石學이란 철기나 석비에 새겨진 명문을 연구하는 학문을 뜻한다. 이 연구를 통해 김정희가 발견한 것이 바로 진흥왕 순수비였다.

진흥왕 순수비는 진흥왕이 개척한 지역을 직접 돌아보고 세

그림 11. 김정희金正喜, <세한도>, 1844년 作. 1840년에 김정희는 제주에 유배되었다. 자신의 제자 이상적李尚迪이 <경세문편>이라는 책을 어렵게 구해 보내주자 이에 감동해 진정한 친구의 의미를 깨닫게 되었다. 그는 '겨울이 되어서야 소나무와 잣나무가 시들지 않는다'는 <논어>의 한 구절을 되새기면서 이상적에게 자신의 마음을 전하기 위해 그림을 그렸다. 송나라 소동파蘇東坡는 유배되었을 때 아들이 자신을 방문하자 기쁜 나머지 아들을 위해 <언송도>라는 그림을 그리고, 아들을 칭찬하는 글을 썼다. 하지만 그림은 전하지 않고, 글씨만 남아 있는데, 청나라에 갔을 때 김정희는 그 글씨를 보았다. 그래서 자신만의 <언송도>를 그려 이상적에게 전달하기로 한 것이다. 그림에서는 겨울에도 늘 푸른 소나무와 잣나무를 그려 이상적의 의리를 보여주고 있다. <세한도>는 전문화가의 그림이 아니라 선비가 그린 문인화의 대표작으로 인정받아 국보 180호로 지정되어 있다.

운 비석이다. 지금까지 모두 4개가 발견되었는데, 북한산 소재의 북한산비, 경상남도 창녕의 창녕비, 함경남도의 황초령비, 그리고 함경남도의 마운령비이다. 김정희가 발견한 것은 바로 북한산비이다. 순수비에는 진흥왕이 업적과 당시 신라 사회를 이해할 수 있는 내용이 기록되어 있다.

순수비를 통해 알 수 있듯이 진흥왕의 대표적인 업적은 영토 확장이다. 그러나 진흥왕은 단순히 영토만 확장하지 않았다. 정

명화로 읽는 여왕의 세계사

복한 지역의 행정조직을 개편하여 실질적인 지배력을 확보하고자 했다. 또한 중앙 집권체제를 강화시켰다. 541년에는 이사부異斯夫에게 군사에 관한 업무를 맡겼고, 국토를 6개 권역으로 나누어 군사조직체계를 정비했다. 그리고 국가 차원에서 불교를 장려하기 위해 흥륜사興輪寺와 황룡사皇龍寺를 비롯한 사찰을 설립했다.

三十七年春, 始奉源花.初君臣病無以知人, 欲使類聚群遊, 以觀其行義, 然後擧而用之.遂簡美女二人, 一曰南毛, 一曰俊貞, 聚徒三百餘人.二女爭娟相妬, 俊貞引南毛於私第, 强勸酒至醉, 曳而投河水以殺之.俊貞伏誅, 徒人失和罷散.其後, 更取美貌男子, 粧飾之, 名花郎以奉之. 徒衆雲集.或相磨以道義, 或相悅以歌樂, 遊娛山水, 無遠不至.因此知其人邪正, 擇其善者, 薦之於朝.

37년 봄, 처음으로 원화源花 제도를 두었다. 초기에, 임금과 신하들이 인재를 알아 낼 수 없는 것이 문제라고 생각하였다. 이에 따라 친구들끼리 여럿이 모여 서로 어울리도록 하고, 그들의 행동거지를 살펴본 후에, 적절한 자를 천거하여 임용하기로 하였다. 이리하여 마침내 미녀 두 사람을 선발하니, 남모와 준정이었다. 그들을 중심으 로 3백여 명의 무리를 모았다. 그런데 두 여자가 미모를 다투어 서로 질투하다가, 준정이 남모를 자기 집으로 유인하여 술을 강권하였다. 준정은 남모가 취한 후에 그녀를 끌어내어 강물에 던져 죽였다. 준정은 사형에 처해지고 모인 무리들은 화목하지 못하여 해산하였다. 그 후, 다시 얼굴이 잘생긴 남자를 뽑아 곱게 단장시켜, '화랑'이라는 명칭으로 부르게 하고, 그를 떠받들게 하였다. 그러자 무리들이 구름처럼 모여 들었다. 그들은 더러는 도의를 서로 연마하고, 더러는 노래와 음악을 서로 즐기면서 산수를 찾아 유람하여, 먼 곳이라도 그들의 발길이 닿지 않은 곳이 없었다. 이러한 과정을 통하여 인품의 옳고 그름을 알게 되었으니, 그중에서 선량한 인물을 택하여 조정에 추천하였다.

<삼국사기> 제 4권 신라본기 제 4 진흥왕에는 이런 기록이 등장한다. 이는 신라 화랑花郎에 관련된 이야기이다. 화랑은 단체정신이 강한 청소년 집단으로 교육과 군사, 사교 단체의 성격을 지니고 있었다. 역사학자들은 화랑이 많은 인재를 배출해 신라가 삼국을 통일하고, 신분제 사회에서 계층 간 갈등을 완화하는 데 이바지했다고 평가한다. 바로 이런 화랑을 만든 것도 진흥왕이다.

신라 제 26대 진평왕真平王은 신라 역사상 가장 오랫동안 왕위에 있었다. 무려 54년 동안 재위했는데, 진흥왕 때 시작된 신라의 발전은 진평왕 때 더욱 가속화되었다. 아버지의 죽음으로 삼촌이 왕위에 올랐지만, 옳지 못한 행실로 폐위되고 진평왕이 왕이 되었다. 진평왕과 관련해서는 한 가지 흥미로운 전설이 전해진다. 바로 천사옥대天賜玉帶이다. 왕위에 오른 첫해에 하늘의 사신이 왕에게 옥대를 전해주었고, 그는 모든 제사 때 이 옥대를

찼다.

　오늘날 역사학자들은 이 이야기가 진평왕의 절대적 권위를 확립하기 위해 만들어진 것으로 보고 있다. 어린 나이에 즉위해서 하늘로부터 정당성을 부여받았다는 것을 입증할 필요가 있었기 때문이다. 국가가 발전함에 따라 권력 구조로 인한 갈등이 발생할 수밖에 없었는데, 이를 해결하기 위해 천사옥대 이야기를 만들어낸 것이다.

　일설에 따르면, 고구려는 신라를 침공하려다가 세 가지 때문에 포기했다고 한다. 바로 황룡사 9층 목탑과 장륙삼존불상, 그리고 진평왕의 천사옥대이다. 장륙존삼불상은 높이가 일장육 척이 되는 삼존불상이다. 흔히 이 세 가지는 신라의 3대 보물로 알려져 있는데, 신라에서는 국가 행사나 우환이 있을 때 황룡사에서 왕이 직접 예불을 했다.

　이 시기 신라에는 특별한 신분제도가 존재했다. 바로 골품제骨品制이다. 골품제는 여러 단계로 구성된 신분제도로서 왕족인 성골聖骨과 진골眞骨, 그리고 6두품과 5두품, 4두품이 존재했다. 그 아래로는 3두품, 2두품, 1두품에 해당하는 평민과 0두품에 해당하는 노비가 있었다. 시간이 흐르면서 1~3두품은 차이가 없어서 같은 평민으로 간주하였다.

　고구려나 백제에도 신분제도가 존재했던 것으로 추정되지만, 이에 대한 자세한 기록은 남아 있지 않다. 유독 신라에 이렇게 강력한 신분제도가 존재했던 것에 대해 많은 학자들은 신라의 발전 배경을 언급한다. 신라는 경주 지역을 지배하던 작은 국가에서 주변 지역을 통합하면서 성장했다. 따라서 통합한 지역의 옛 지배층을 신라의 귀족으로 받아들였다. 이러한 과정 속에서 이들을 차별했던 것이 골품제도로 발전한 것이다.

신라의 골품제도는 고려의 귀족이나 조선의 양반과는 달랐다. 일반적으로 귀족이나 양반 사회는 지배층과 피지배층으로 구분된다. 그리고 지배층이 피지배층을 억압하고 수탈하는 구조를 형성한다. 하지만 골품제도에서는 같은 지배층 사이에서도 계급을 구분했다. 그야말로 지배층을 더욱 세분화시킨 셈이다.

다른 신분제 사회와 마찬가지로 골품 역시 태어나면서부터 정해진다. 따라서 죽을 때까지 변하지 않았다. 골품에 따라 얻을 수 있는 관직에도 한계가 있었다. 역사학자들은 법흥왕 때 17 관등제가 확립된 것으로 보고 있다.

17 관등제는 관리의 위계를 17단계로 구분한 것이다. 이 중 1단계인 이벌찬伊伐滄부터 5단계인 대아찬大阿滄까지는 성골과 진골만 올라갈 수 있었다. 6두품은 6단계인 아찬阿滄까지, 5두품은 10단계인 내나마大奈麻까지, 그리고 4두품은 12단계인 대사大舍까지 올라갈 수 있었다. 아무리 능력이 있어도 골품이 낮으면 일정 단계 이상 올라갈 수 없었던 것이 당시 신라의 현실이었다.

골품에 따른 차별은 관직의 등급에만 그치지 않았다. 관리들의 의복 색상이나 옷감 종류, 신발이나 허리띠, 관의 재질에도 적용되었다. 집의 크기나 가마 탑승 여부, 가마 크기에도 골품제도가 적용되었다. 여성들의 경우에는 머리빗의 재료까지 제한되었다. 결혼 역시 같은 골품 내에서만 이루어졌다. 이러다 보니 골품제도에 불만을 가진 사람들이 등장할 수밖에 없었다.

이렇게 엄격한 신분제 사회의 최고 계급은 성골이었다. <삼국사기> 제5권 신라본기 진덕왕에는 다음과 같은 기록이 있다.

國人謂始祖赫居世至眞德二十八王, 謂之聖骨,自武烈至末王, 謂之眞骨.唐令狐澄新羅記曰, "其國王族謂之第一骨, 餘貴族第二骨."

시조 혁거세로부터 진덕왕까지 28대 왕을 성골이라고 불렀으며, 무열왕으로부터 마지막 임금까지를 진골이라고 불렀다. 당나라 영호징의 <신라기>에는 "그 나라에서는 왕족을 제1골이라 부르고, 나머지 귀족을 제2골이라고 불렀다"라고 기록되어 있다.

이 기록만으로는 성골과 진골을 구별하기 상당히 어렵다. 그래서인지 학자들 사이에서는 성골과 진골을 둘러싼 논란이 많다. 일반적으로 성골은 부모가 모두 성골인 경우이고, 진골은 부모 중 한쪽이 성골이 아닌 경우라고 알려져 있다.

이런 경우, 문제가 되는 사람이 바로 신라 29대 무열왕 김춘추武烈王 金春秋이다. 김춘추의 아버지는 용춘龍春이고, 어머니는 천

명공주天明公主이다. 용춘은 25대 진지왕眞智王의 아들이고, 천명공주는 진평왕의 딸이다. 두 사람 모두 성골이므로 김춘추 역시 성골인 셈이다.

일부 학자들은 진평왕이 성골의 개념을 제한했다고 주장한다. 진지왕 폐위 후 왕위에 오른 그가 정치적 당위성을 확립하기 위해 자신의 직계만을 성골로 규정했다는 것이다. 다시 말해, 왕궁 내에 사는 3~4촌 이내의 왕족만을 성골로 제한했다. 그리고 나머지 왕족은 진골로 강등해서 왕궁 밖으로 거처를 옮기도록 했다. 그렇게 되면 진평왕과 5촌인 김춘추는 성골이 아닌 진골이 된다.

진평왕에게는 아들이 없었다. 과거의 전례를 따른다면, 딸이 아닌 사위에게 왕위를 물려주어야 했다. 기록에 따르면, 진평왕의 큰딸인 덕만공주德曼公主는 용수龍樹, 그리고 용춘과 결혼했다. 하지만 유달리 성골의 지배를 확고히 하고자 했던 진평왕은 결국 왕위를 딸에게 물려주었다. 그 결과, 신라에서는 우리나라 역사상 최초의 여왕인 선덕여왕善德女王이 탄생하게 되었다.

2. 반란 속 즉위와 사망

1972년에 브로드웨이에서 초연된 뮤지컬은 그야말로 큰 화제였다. <위키드>의 작곡가가 작사 및 작곡을 담당했고, <시카

고>의 안무가가 연출과 안무를 담당
했다. 그런데 뮤지컬의 주인공은 사
람들에게 그리 잘 알려지지 않은 인물
이었다. 바로 샤를마뉴Charlemagne 대제
의 아들 피핀 4세Pepin IV이다. 그의 파
란만장한 일생을 바탕으로 한 뮤지컬
은 2013년에 현대적으로 재해석되어
사람들의 고뇌와 어려움을 묘사했고,
토니상 뮤지컬 리바이벌 부문을 수상
하기도 했다.

그림 12. 작자 미상, 9세기 초
作. <샤를마뉴와 아들들>. 그
림의 왼쪽에 앉아 있는 사람
은 샤를마뉴Charlemagne이고,
그의 앞에 칼을 차고 앉아 있
는 사람은 셋째 아들인 카를
로망Carloman이다. 후일 그는
피핀Pepin이 상속권을 박탈당
하면서 '피핀'이라 불렸다. 아
래쪽에 작고 왜소하게 그려
진 사람이 바로 곱사등이 피
핀이다.

피핀 4세는 샤를마뉴의 첫 번째 아
들이었는데, 척추 측만증을 앓았다.
그래서 '곱사등이'라는 별명을 가지고
있었다. 이에 불만을 가진 샤를마뉴
는 그의 황태자직을 박탈했다. 계모
로부터 학대를 받은 피핀 4세는 샤를마뉴의 암살을 기도했다
가 주교의 배신으로 미수에 그쳤다. 이후 수도원에 감금되었다
가 그곳에서 사망했다.

이처럼 인류 역사 속에는 반란을 일으켰다가 성공하지 못한
사례들이 숱하게 등장한다. <삼국유사> 제 4권 신라본기 진평
왕에도 반란과 관련된 기록이 등장한다.

夏五月, 伊湌柒宿與阿湌石品謀叛.王覺之, 捕捉柒宿, 斬之東市, 幷夷九族.阿湌石品亡至百濟國境, 思見妻子, 晝伏夜行,還至叢山. 見一樵夫, 脫依換樵夫敝衣之, 負薪, 潛至於家,被捉伏刑.

(53년) 여름 5월, 이찬 칠숙과 아찬 석품이 반역을 도모하였다. 왕이 이를 알고 칠숙 을 잡아 동쪽 시장에서 참수하고, 구족을 처형하였다. 아찬 석품은 백제 국경까지 도망하였으나, 처자가 보고 싶어 낮에는 숨고 밤이면 걸어서 총산까지 돌아왔다. 그는 그곳에서 나무꾼 한 사람을 만나 그의 헤진 옷과 바꾸어 입은 채, 나무를 지고 몰래 집에 돌아왔으나, 곧 체포되어 처형당했다.

<삼국사기>에서 전하는 반란은 바로 칠숙柒宿의 난이다. 칠숙은 17 관등제 가운데 2번째 단계에 해당하는 이찬伊湌이었다. 그리고 6두품 가운데 최고 단계인 아찬이었던 석품石品도 반란에 가담했다. 진평왕은 재위 54년에 세상을 떠났기 때문에 역사학자들은 이 반란이 선덕여왕을 왕위 계승자로 확정한 다음에 발생한 것으로 추정하고 있다.

불행히도 사료의 부족으로 칠숙과 석품의 반란 원인에 대해서는 명확하게 알 수 없다. 다만 여러 가지 가설들이 제기되고 있다. 한 가지는 진평왕의 왕권 강화 정책에 반발하는 진골의 반발이라는 것이다. 또 다른 한 가지는 선덕여왕을 왕위 계승자로 지목한 것에 대한 반발이다. 궁극적으로는 성골 중심의 정

명화로 읽는 여왕의 세계사

책에 대한 불만 또는 반발이라고 할 수 있다.

신라의 진골은 한자리에 모여 국사를 논의했다. 이를 '화백회의和白會議'라고 한다. 역사학자들은 화백회의의 기원을 남당南堂으로 본다. 남당은 사로국의 부족회의로서 약 20명의 진골이 참여했다. 이들을 대등大等이라고 불렀고, 의장은 상대등上大等이었다.

기록에 따르면, 화백회의는 신라에서 신성하게 여기는 경주 근처에서 열렸다. 동쪽의 청송산이나 남쪽의 우지산이 대표적인 장소였다. 이들은 국왕을 추대하거나 폐위하는 등 국가의 중요한 일에 영향력을 행사했는데, 25대 진지왕은 화백회의를 통해 폐위되었다.

화백회의의 특징은 모든 사람이 찬성해야만 하는 만장일치제였다는 점이다. 단 한 명이라도 반대자가 있으면, 다시 토론해서 모두 찬성하는 결과를 끌어냈다. 진골이 만장일치로 찬성하는 의견이기 때문에 왕조차 화백회의에서 결정된 사항을 존중하는 것이 당시 관례였다.

하지만 김춘추가 진골 출신으로 왕위에 오르면서 화백회의의 권위는 점차 약화되었다. 삼국을 통일한 이후 신라의 왕권은 더욱 강화되었다. 이후 왕의 명령에 따르는 행정기관인 집사부執事部의 역할이 강화되면서 화백회의는 결국 이름만 존재하는 기구로 남게 되었다.

칠숙은 화백회의에 참석하는 진골이었다. 이러한 점에서 당시 그의 정치적 영향력은 결코 적지 않았다고 할 수 있다. 칠숙의 난은 성골 여성보다 진골 남성이 왕위를 계승해야 한다는 시대 담론을 잘 보여주고 있다. 엄격한 성골 지배 체제에 대한 저항과 여성 통치에 대한 반발로 반란이 발생한 것이다.

당시 진평왕은 병에 걸려 있었다. 그래서 덕만공주가 정사를 대신 맡았다. 덕만공주는 화랑들에게 나라의 평안과 진평왕의 쾌차를 위한 제사를 지내고 올 것을 명령했다. 바로 이 기회를

그림 13. 작자, 연대 미상. <선덕여왕의 초상화>. 우리나라 역사상 최초의 여왕으로서 통치자로서 그녀의 업적을 둘러싸고 학자들 사이에서 긍정적인 평가와 부정적인 평가가 대립하고 있다.

틈타 칠숙과 석품은 반란을 일으켰다. 하지만 중간에 되돌아온 화랑에 의해 반란은 진압되었고, 진평왕은 9족을 멸하도록 했다. 이에 덕만공주는 최소한의 인원만 처벌하도록 하여 당시 사람들이 덕만공주의 너그러움을 널리 칭송하였다고 전해진다. 결국 진평왕이 세상을 떠난 후 그녀는 왕위에 올랐다.

그러나 선덕여왕 때 일어났던 반란은 칠숙의 난뿐만

명화로 읽는 여왕의 세계사

이 아니었다. <삼국사기> 제 5권 신라본기 선덕왕에 따르면, 다음과 같은 기록이 등장한다.

十六年春正月, 毗曇廉宗等謂女主不能善理, 因謀叛擧兵, 不克.

16년 봄 정월, 비담과 염종 등이 여왕이 정치를 잘못한다는 구실로 군사를 동원하여 반역을 도모했으나 성공하지 못했다.

선덕여왕의 재위 기간 동안 신라는 상당히 불안정했다. 대내적으로는 즉위하기 직전에 칠숙의 난이 발생했고, 상대등이 3번이나 교체되었다. 대외적으로는 백제의 침입으로 40여 개의 성을 잃었다. 당나라에서는 여왕이 지배하기 때문이라고 신라를 업신여겼다. 이러한 정세는 선덕여왕에게 상당히 불리한 조건이었다.

이에 647년에 상대등 비담毗曇은 선덕여왕이 정치를 잘못한다는 명분을 내세우면서 반란을 일으켰다. 비담의 출생에 대해 알려진 것은 없지만, 상대등에 취임한 것으로 보아 진골임을 알수 있다. 선덕여왕 재위 기간 동안 상대등이 3차례나 교체되었다는 것은 이 관직을 둘러싼 진골의 암투가 엄청났음을 보여주는 것이다.

비담이 반란을 일으켰을 때 선덕여왕은 병중이었다. 선덕여왕은 결혼 생활에서 자녀를 얻지 못했기 때문에 사촌 승만공주 勝曼公主를 왕위 계승자로 지목했다. 바로 진덕여왕 眞德女王이다. 당시 비담은 정당한 왕위 계승자가 없는 경우, 여왕이 사망하면 가장 먼저 왕위에 오를 수 있었다.

따라서 많은 학자들은 승만공주로 후계자로 정해지자 비담이 반란을 일으켰던 것으로 해석한다. 또 다른 학자들은 당 태종이 여왕이 통치하기 때문에 많은 일들이 발생한다고 말했던 것에 자극받은 귀족들이 반란을 일으킨 것이라고 주장하기도 한다.

반란의 주동자가 화백회의 수장인 상대등이었던 만큼 반란을 진압하는데 많은 어려움이 있었다. 비담의 난을 진압한 것은 김유신 金庾信이었다. <삼국사기> 열전 제 41권 김유신 상 제 1에는 이렇게 기록되어 있다.

十六年丁未, 是善德王末年, 眞德王元年也大臣毗曇廉宗謂女主不能善理, 擧兵欲廢之, 王自內禦之毗曇等屯於明活城, 王師營於月城, 攻守十日不解丙夜, 大星落於月城, 毗曇等謂士卒曰,"吾聞落星之下必有流血, 此殆女主敗績之兆也"士卒呼吼聲振地

16년 정미년은 선덕왕 말년이며, 진덕왕 원년이었다. 대신 비담과 염종 등은 여왕이 정치를 잘하지 못한다는 이유로 군사를 동원하여 폐위시키려 하였다. 왕은 궁 안에서 이들을 방어하였다.

비담 등은 명활성에 주둔하고 왕의 군사는 월성에 진을 친 채, 10일 동안 공방전이 계속되었으나 싸움이 끝나지 않았다. 한밤중에 큰 별이 월성에 떨어졌다. 비담 등은 사졸들에게 "별이 떨어진 자리에는 반드시 피가 흐른다는 말이 있으니, 이는 여왕이 패전할 징조이리라"라고 말했다. 이를 들은 병졸들의 함성이천지를 흔들었다.

이에 김유신은 허수아비를 만들어 연에 매달았다. 그리고 불을 붙여 날렸는데, 마치 떨어진 별이 다시 하늘로 올라가는 것처럼 보였다. 결국 비담은 반란에서 패했고, 9족을 멸하는 벌을 받았다.

흥미로운 사실은 선덕여왕의 사망 날짜이다. <삼국사기> 제5권 신라본기 선덕왕에 따르면 이러한 기록이 등장한다.

(十六年春正月) 八日, 王薨.

(16년 정월) 8일, 왕이 사망하였다.

비담의 반란은 16년 정월에 발생했다고 기록되어 있고, 10일 동안 공방전이 계속되었다. 만약 가장 이른 1월 1일에 비담의 반란이 발생했다 하더라도 선덕여왕은 반란 도중 사망한 것이 된다. 그렇다면 실제로 비담의 처벌을 내린 것은 선덕여왕이 아

그림 14. 벤저민 웨스트Benjamin West, <하늘에서 전기를 끌어당기는 벤저민 프랭클린>, 1816년 경 作. 웨스트는 미국의 유명한 역사적 장면을 주로 그린 화가이다. 이 그림은 프랭클린Franklin이 연으로 실험을 하면서 벼락이 높은 곳에 먼저 떨어지고, 전류를 흐르게 한다는 사실을 알아냄으로써 피뢰침을 발명한 이야기를 그린 것이다.

니라 진덕여왕이다. 이러한 관점에서 본다면, 비담의 반란을 최종적으로 진압한 것은 선덕여왕이 아닐 수도 있다.

결국 선덕여왕은 반란을 통해 즉위하고, 반란 속에서 생을 마감한 여왕이었다. 이러한 사실은 당시 신라에 만연했던 한 가지 사실을 잘 보여준다. 바로 남성 중심사회에 만연했던 여성 통치자에 대한 차별과 편견이었다. 비담이 반란을 일으켰을 때 명분으로 내세운 것은 '여주불능선리女主不能善理'였다. 여왕은 나라를 잘 다스릴 수 없다는 것인데, 이를 통해 선덕여왕이 통치했던 시기가 신라 역사 속에서 얼마나 위기였는지 짐작해볼 수 있다.

3. '선덕왕지기삼사善德王知幾三事'와 이미지 메이킹

<삼국사기>에 따르면, 선덕여왕이 재위했던 기간 동안 신라는 상당히 불안한 시기였다. 진흥왕 때 신라의 영토는 한강 유역과 함경도 일대까지 확대되었고, 진평왕 때에는 이를 되찾으려는 백제와 고구려에 승리를 거두기도 했다. 그러나 선덕여왕 통치기에는 오늘날 경상남도 합천에 위치한 대야성을 백제에 빼앗기면서 최소 40개 이상의 성을 잃었다.

더욱이 선덕여왕은 즉위 시 칠숙의 난이 발생했고, 사망 시 비담의 난이 발생했다. 대내적으로는 여왕의 통치에 반대하는 진골 귀족들의 도전을 많이 받았다. 이러한 대외적, 대내적 우

환이 많아지자 그녀는 민심을 안정시키고, 통합하기 위해 종교를 적극적으로 활용했다.

선덕여왕은 숭불정책을 통해 불교문화를 발전시켰다. 우리에게도 잘 알려진 분황사나 첨성대 등이 바로 선덕여왕이 통치했던 시기에 건립된 것이다. 통계자료에 따르면, 신라 중기 이후 건립된 사찰이 약 45개 정도인데, 이 가운데 절반 이상이 선덕여왕 시대에 건립되었으니 그녀의 불교 후원 규모를 짐작할 수 있다.

선덕여왕과 불교의 관계는 그녀의 이름에서부터 알 수 있다. 선덕여왕의 이름인 덕만은 '덕만우바이德蔓優婆夷'에서 따온 것이다. 이 이름은 석가모니의 열반을 중심으로 설교한 불교 경전인 <대반열반경大般涅槃經>에 등장한다. 덕만우바이는 원래 남성의 몸으로 태어나야 하지만, 중생을 구하기 위해 여성의 몸으로 태어난 존재이다. 이를 통해 선덕여왕에게 비록 여성이지만 원래 운명은 남성이고, 석가모니처럼 중생을 구제할 인물이라는 의미를 부여하고 있다.

선덕이라는 시호 역시 영원한 존재로서의 부처에 대해 설명하는 불경 <내방등무상경大方等無想經>에 나오는 선덕바라문善德婆羅門에서 차용한 것으로 알려져 있다. 선덕바라문은 우주 중심 수미산 정점인 도리천忉利天을 주재하는 천신이다. 그 결과, 불교 문헌에서는 선덕여왕을 신성하고 지혜로운 존재로 묘사하고

명화로 읽는 여왕의 세계사

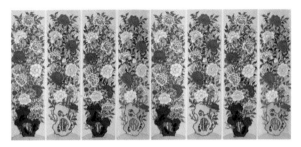

그림 15. 작자 미상, 조선시대 作. <궁중모란도>. 작가의 서명이나 낙관이 없어서 궁중 전문화가들의 집단 창작 작품일 가능성이 높다. 두 개의 원본이 반복적으로 그려졌는데, 자세히 보면 미세한 차이가 있다. 모란은 꽃이 화려하고 크기 때문에 '꽃의 왕'이라 불리는데, 예로부터 부귀와 아름다움을 상징했다. 그리고 조선 시대에는 다양한 형태로 변형되어 나라와 백성의 번영을 기원하는 그림으로 정착했다.

있다. 이 가운데 가장 잘 알려진 것이 '선덕왕지기삼사善德王知幾三事'이다. 이는 선덕여왕의 지혜에 얽힌 세 가지 이야기이다.

첫 번째는 향기 없는 모란꽃 이야기이다. 당 태종이 붉은색, 자주색, 그리고 흰색의 세 가지 색으로 그린 모란꽃 그림과 씨를 보냈다. 그림을 본 여왕은 그 꽃에 향기가 없음을 예언했는데, 이듬해 핀 모란꽃에는 정말로 향기가 없었다. 이를 알게 된 이유를 묻는 진평왕에게 꽃을 그렸는데 벌과 나비가 없어서 알게 되었다고 답했다는 일화는 매우 유명하다.

두 번째 이야기는 경주시에 위치한 영묘사 옥문지玉門池와 관련된 일화이다. 영묘사는 원래 큰 연못이었는데, 선덕여왕 때 두두리頭頭里라는 귀신 무리가 하룻밤 사이에 연못을 메우고 절을 지었다고 전해진다.

당시 많은 개구리가 3~4일 동안 계속 울었다. 이에 선덕여왕은 각간 알천閼川에게 백제 복병이 경주로 가는 길목인 여근곡女根谷에 숨어 있으니 2천 명의 군사를 끌고 가 소탕하라고 명했다. 선덕여왕은 개구리가 겨울에 우는 것은 전쟁을 의미하는 것이며, 옥문은 여성의 성기를 뜻한다고 해석했다. 그리고 남성의 성기는 여성의 성기 속에 들어가면 죽게 되니 여근곡에서 적을 붙잡을 것이라고 답했다.

마지막 이야기는 자신의 죽을 날을 미리 알았다는 것이다. 선덕여왕은 생전에 자신의 죽을 날을 예언하여 도리천에 묻으라고 했다. 신하들이 도리천이 어디인지 묻자 그녀는 오늘날 경주시 보문동에 해당하는 낭산狼山 남쪽이라 대답했다.

실제로 여왕은 예언한 날 세상을 떠났고, 신하들은 여왕이 말한 장소에 장사를 지냈다. 후일 문무왕文武王이 선덕여왕릉 아래 사천왕사를 세웠다. <불경>에서는 사천대왕이 사천왕천에 살면서 도리천의 왕을 섬긴다. 이에 따르면, 선덕여왕은 당시 신라의 도읍이었던 낭산을 우주의 중심인 수미산으로 인식하고, 신라를 세계의 중심으로 보았다.

선덕여왕에 대한 찬사는 '심화요탑 설화'에서도 엿볼 수 있다. 이 이야기는 11세기 말에 편찬된 우리나라 최초의 설화집인 <신라수이전新羅殊異傳>에 수록되었으나, 현재는 소실되어 선조 때 편찬된 백과전서인 <대동운부군옥大東韻府群玉>에만 전하고 있다.

지귀志鬼라는 사람은 선덕여왕의 아름다움에 매료되어 점점 야위어 갔다. 여왕이 영묘사에 불공을 드리러 갔다가 그 이야기를 듣고 지귀를 불렀고, 그는 여왕을 기다리다가 잠이 들었다. 그러자 여왕은 자신의 팔찌를 빼 그에게 놓고 돌아갔다. 이를 알아차린 지귀는 사모의 정으로 그만 화귀로 변해 버렸고, 백성들은 이를 두려워했다.

선덕여왕은 그를 멀리 내쫓는 내용의 주사를 지었다. 그리고 백성들은 그 주사를 벽에 붙이고 화재를 막았다. 이 사건을 통해 사람들은 여왕의 미모와 인자함을 칭송하고, 신성한 존재로 숭배했다.

'선덕왕지기삼사'나 '심화요탑 설화'는 불교를 적극적으로 수용하고, 이를 널리 확산시키는 과정에서 나타났던 선덕여왕의 긍정적인 이미지였다. 그리고 선덕여왕 이후 중앙 집권화의 기반이 더욱 강화되기도 했다. 비담의 난을 성공적으로 진압한 덕분이었다. 비담의 난 도중 여왕이 사망했기 때문에 이를 선덕여왕의 업적으로 볼 수 있는지에 대해서는 학자들 사이에서 견해가 다르기도 하다.

하지만 비담의 난을 계기로 신라에서 진골 세력이 약화된 것은 분명한 사실이다. 이들은 오랫동안 중앙 집권화에 방해 요소였다. 비슷한 시기에 백제에서 의자왕義慈王은 귀족들과 갈등을 일으켰고, 고구려에서는 연개소문淵蓋蘇文 사망 후 아들들 사이에서 권력 분쟁이 발생했다. 이러한 점에서 신라는 다른 국가들과 달리 반란 이후 더욱 강력한 국가 권력 체제를 유지했다.

선덕여왕에 대한 이러한 긍정적인 평가와 달리 그녀의 치세를 부정적으로 평가하는 학자들도 상당히 많다. 그 근거는 이 시기가 신라 역사상 가장 혼란스러웠던 시기 중 하나였다는 사실이다. 이는 군사적, 그리고 정치적 위기에서 비롯된 것이다. 이 시기는 신라와 백제, 고구려 사이의 군사적 긴장이 고조된 시기였고, 선덕여왕이 즉위한 이후 신라는 백제와 고구려로부터 끊임없는 공격을 받았다.

이러한 공격을 이겨내기 위해 선덕여왕이 선택한 것은 놀랍게도 군사력 강화가 아니었다. 바로 종교였다. 부처의 힘으로 백제와 고구려의 침략을 막겠다고 생각한 것이다. 이러한 맥락 속에서 설립된 것이 분황사와 황룡사 9층 목탑이다. 하지만 끊임없는 사찰 및 탑 건축에도 불구하고, 신라의 위기는 나아지지 않았다. 결국 불교로 외세의 침략을 극복한다는 선덕여왕의 전략은 실제로 아무런 효과가 없었다.

많은 역사학자들은 사찰 공사가 오히려 부담이었다고 주장한다. 백제나 고구려의 침략으로 혼란스러운 상황 속에서 대규모 토목 공사를 벌여 당시 국력을 낭비했다는 것이다. 빈번한 전쟁 때문에 민심은 불안정했다. 이러한 가운데 수차례 토목 공사를 수행하는 것은 많은 반대와 부작용을 초래했다. 병력 강화나 군사 훈련, 또는 전쟁을 피할 수 있는 현실적인 정책을 마련하는 대신 불교에 바탕을 둔 선덕여왕의 왕권 강화와 민생 안정 정책은 현실과 동떨어진 것일 뿐이었다.

그래서 학자들은 선덕여왕을 이미지 메이킹에 성공한 여왕으로 평가한다. 실제로 선덕여왕 그 자체로는 리더십도 뛰어나지 않았고, 나이가 들면서 총명함이나 지혜로움 역시 사라졌다고 주장한다. 하지만 오늘날 많은 사람들이 선덕여왕을 총명하고 자애로운 여왕으로 인식하는 것은 선덕여왕 이후 중앙 집권화된 권력을 바탕으로 후대에 의해 미화되었기 때문이다.

더 나아가 일부 학자들은 선덕여왕이 우리나라 역사상 최초의 여왕이라는 타이틀을 잘 활용했다고 생각한다. 최초의 여왕이었기 때문에 그녀의 업적을 최대한 긍정적으로 평가하려는 성향이 나타난다는 것이다. 이들은 이러한 접근이 역사를 왜곡하는 심각한 결과를 초래할 수 있다고 지적한다.

선덕여왕의 숭불정책과 관한 비판도 제기된다. 실제로 신라에서 불교를 수용한 것은 528년이다. 이차돈異次頓의 순교를 계기로 불교를 수용한 신라는 이후 율령 반포와 더불어 왕권 국가의 기본을 마련했다. 법흥왕은 불교를 통해 왕을 신성한 존재로 부상시켰고, 권위로써 신하를 대했다. 정치적인 목적으로 불교를 수용하고, 이를 확산시켰던 것은 비단 선덕여왕뿐만이 아니었다. 이미 선덕여왕 이전부터 여러 왕들은 자신의 존재를 신성화하고, 민심을 통합하기 위해 불교를 적극적으로 활용했다.

이렇게 선덕여왕의 통치를 둘러싸고 학계에서는 긍정적인 평가와 부정적인 평가가 공존한다. 우리나라 역사상 최초의 여왕이었기 때문에 유독 선덕여왕을 둘러싼 다양한 시각과 평가가 존재하는지도 모른다. 그러나 한 가지 분명한 사실은 선덕여왕이 여성이었기 때문에 리더십이 부재했거나 전쟁에서 패배하고 영토를 상실했던 것은 아니다.

물론 선덕여왕이 선택하거나 결정할 수 있는 정책에 여성이라는 생물학적, 또는 사회적 성이 영향을 미쳤을지도 모른다. 하지만 신라 역사상 가장 위기였다고 할 수 있는 당시 시대적 상황을 더욱 면밀하게 분석하고 고려해야 선덕여왕에 대한 보다 균형 잡힌 평가가 가능할 것이다. 선덕여왕은 골품제도가 강력하게 지배하는 당시 사회가 선택할 수 있는 최선의 대안이었기 때문이다.

Ⅲ

스스로 중국 황제가 된 유일한 여성, 측천무후

스스로 중국 황제가 된 유일한 여성, 측천무후

1. 인류 역사 속 섭정과 수렴청정垂簾聽政

　13년 만에 성 밖을 나온 안나Anna는 신이 난 나머지 한스Hans의 말과 부딪혔다. 한스의 잘생긴 얼굴에 반한 그녀는 청혼을 받아들이지만, 엘사Elsa는 그들의 결혼을 반대한다. 결국 연회는 엉망진창이 되어버리고 엘사도 뛰쳐나가 버렸다. 안나는 한스에게 아렌델 사람들을 지켜달라고 부탁하고, 엘사를 찾으러 갔지만 엘사의 마법에 걸려 심장이 얼어붙게 되었다.

　그런데 사랑의 키스를 해달라는 안나에게 한스는 자신의 본심을 드러낸다. 그는 13형제의 막내로 태어나 본국의 왕이 될 수 없자 엘사와 결혼해서 왕이 되려고 했다. 그리고 이것이 불가능해지자 안나와 결혼한 다음 엘사를 죽이고자 했던 것이다. 결국 상황이 정리되면서 한스는 자신의 왕국으로 추방당한다.

수년 동안 전 세계적으로 선풍적인 인기를 끌었던 애니메이션 <겨울왕국>의 내용이다. 여기에서 안나는 한스에게 자신이 없는 동안 아렌델 왕국을 부탁한다. 이렇게 군주가 나라를 직접 통치할 수 없을 때 군주를 대신하여 나라를 다스리는 것을 '섭정攝政'이라고 한다.

섭정은 인류 역사에서 상당히 오래전부터 행해졌다. 대부분 왕의 나이가 어려 제대로 정치를 할 수 없는 경우였다. 대표적인 사례가 이집트 18 왕조의 5대 파라오였던 하트셉수트Hatshepsut이다. 그녀는 섭정에서 시작해 이집트 역사상 두 번째 여성 파라오로 즉위했다. 이집트 최초의 여왕은 12 왕조의 소벡네페루Sobekneferu로 알려져 있다.

하트셉수트는 이복형제인 투트모세 2세Thutmose II와 결혼했는데, 아들이 없었다. 투트모세 2세는 후궁과의 사이에서 투트모세 3세Thutmose III를 낳았다. 따라서 투트모세 3세는 하트셉수트의 친아들이 아니다. 투트모세 2세가 사망했을 때 투트모세 3세의 나이는 10세 미만으로 추정되어 하트셉수트가 섭정했다. 당시 그녀는 남성 파라오처럼 수염을 달고, 남성 복장을 착용하면서 20여 년 이상 파라오로서의 권력을 행사했다.

또 다른 유명한 섭정으로는 카트린 드 메디시스Catherine de Médicis를 들 수 있다. 그녀는 흔히 '성 바르톨로메오 축일의 학살'을 계획한 것으로 잘 알려져 있다. 그녀는 프랑스 왕 앙리 2세

Henri II의 왕비로서 이탈리아 명문 메디치 가문 출신이다. 앙리 2세가 사망한 후 무려 3명의 왕 뒤에서 섭정하면서 프랑스 정치를 뒤흔들었다. 많은 역사학자들은 그녀가 지배했던 시기가 프랑스 역사상 가장 혼란스러웠던 시기 중 하나였다고 주장한다.

이는 당시 프랑스의 상황과 밀접한 관련성을 가지고 있다. 이 시기에 프랑스는 종교 갈등이 매우 극심했다. 카트린은 발루아 왕조의 왕권을 유지하기 위해 이를 적극적으로 이용했다. 병약했던 장남 프랑수아 2세Francis II는 후사 없이 사망했다. 가톨릭교도인 카트린의 딸 마르그리트Marguerite와 신교도인 나바르의 앙리Henri가 정략 결혼하면서 종교 갈등은 더욱 심화되었다.

프랑스 왕이 된 샤를 9세Charles IX는 결국 신교 지도자들을 숙청하라는 명령을 내렸다. 1572년 8월 24일은 예수의 12 사도였던 바르톨로메오Bartholomaeus의 축일이었다. 이날 프랑스 전역에서 수천 명의 신교도가 학살당했다.

샤를 9세는 서자만 남긴 채 결핵에 걸려 사망했다. 이후 카트린이 가장 총애했던 앙리 3세Henri III가 국왕이 되었지만, 그는 사치와 향락을 즐겼고, 점차 민심을 잃었다. 그리고 결국 가톨릭 광신노에 의해 암살되면서 발루아 왕조는 몰락해버렸다. 이후 프랑스의 왕위는 나바르의 앙리가 가톨릭으로 개종하는 조건으로 그에게 넘어갔고, 이후 앙리 4세Henri IV는 낭트 칙령으로 종교의 자유를 허락했다.

그림 16. 에두아르드 드바 퐁상Edouard Debat-Ponsan, <루브르 정문의 어느 아침>, 1880년 作. 드바 퐁상은 초상화 및 역사화를 주로 그린 프랑스 화가이다. 그는 독일군에게 군사 정보를 제공했다는 죄목으로 기소되었던 알프레드 드레퓌스Alfred Dreyfus의 명예회복 투쟁에도 적극적으로 가담했다. 그리고 이 사건을 풍자한 우화를 당대 유명한 소설가 에밀 졸라Emile Zola에게 보내기도 했다. <루브르 정문의 어느 아침>은 성 바르톨로메오 축일의 학살 후 검은 옷을 입은 카트린Catherine의 모습을 통해 많은 정치적 함축을 담고 있는 그림이다.

　　동양에서도 섭정이 존재했다. 군주가 어려 정치를 수행할 능력이 없거나 병으로 정사를 돌보지 못할 경우, 군주를 대신해 통치권을 위임받아 국가를 다스리는 경우가 있었다. 세자가 다스리는 것을 '대리청정代理聽政'이라 하고, 태후나 대왕대비 등 여성이 다스리는 것을 '수렴청정垂簾聽政'이라고 한다.

　　우리나라 문헌에서 수렴청정이 최초로 등장한 것은 53년, 고구려 제 6대 태조왕太祖王 때이다. 고구려 제 5대 모본왕慕本王은 성품이 포악하고 정사를 제대로 돌보지 않아 결국 측근에 의해 살해되었다. 왕이 사망하자 후계자인 태자가 왕위를 계승해야 했다. 그러나 그는 왕의 재목이 아니라며 제외되었다. 결국 태조왕이 7세의 나이로 즉위했고, 태후가 수렴청정했다. 바로 부여태후夫餘太后이다.

흥미로운 사실은 태조왕의 아버지가 살아 있었다는 것이다. 아버지 재사再思는 처음에 왕으로 추대되었으나 아들에게 왕위를 양보했다. 그런데 아들이 너무 어렸기 때문에 부인인 태후가 수렴청정했다. <삼국사기> 고구려본기 제 3 태조대왕에는 이런 기록이 등장한다.

大祖大王 或云国祖王., 諱宮. 小名於漱, 琉校勘 璃王子古鄒加再思之子也, 母大后扶餘人也. 慕本王薨, 太子不肖, 不足以主社稷, 國人迎宮繼立. 王生而開目能視, 幻而歧嶷. 以年七歲, 大后垂簾聽政.

태조대왕太祖大王은 국조왕國祖王이라고도 한다. 이름은 궁宮이다. 어렸을 때의 이름은 어수於漱이다. 유리왕琉璃王의 아들인 고추가古鄒加 재사再思의 아들이고, 어머니 태후太后는 부여 사람이다. 모본왕이 죽고 태자가 못나 사직을 맡기에 부족하자, 나라 사람들이 궁宮을 맞이하여 뒤를 이어 왕위에 앉게 하였다. 왕은 태어나자마자 눈을 떠서 볼 수 있었고, 어려서 조숙하여 뛰어났다. [즉위할

명화로 읽는 여왕의 세계사

때의 나이가 일곱 살이어서 태후가 수렴청정_{垂簾聽政}하였다.

우리나라 역사 속에서 수렴청정은 여러 차례 등장했다. 고구려 외에도 신라나 고려에도 존재했다. 특히 조선 시대에는 정희왕후_{貞熹王后} 윤씨나 문정왕후_{文定王后} 윤씨, 그리고 순원왕후_{純元王后} 김씨 등 무려 7차례나 수렴청정을 했다. 하지만 우리나라 최초의 수렴청정은 기타 수렴청정과 구분된다. 다른 수렴청정의 경우, 남편이 왕이었고, 자신은 왕비였다. 하지만 부여태후의 경우에는 남편이 왕이 아니었다.

다시 말해, 부여태후는 자신의 힘으로 왕의 권력을 누렸던 보기 드문 사례였다. 일부 역사학자들은 모본왕을 죽이도록 지시한 사람이 부여태후의 무리라고 주장한다. 모본왕은 비록 포악한 왕이었지만, 후한의 여러 지역을 공격했고, 흉년이 들면 굶주린 사람들을 구제하기도 했다. 부여태후는 당시 고구려를 구성하는 5부 가운데 한 부의 중심세력이었고, 자신의 노력으로

그림 17. 작자, 연대 미상. <측천무후의 초상화>. 측천무후는 당 태종과 고종의 후궁을 거쳐 중국 역사상 유일한 여성 황제가 되었다.

권력의 정점에 도달했다. 단순한 수렴청정으로 규정하기는 어렵다.

자신의 노력과 힘으로 최고 권력을 획득한 여성은 우리나라에만 있었던 것은 아니다. 중국 역사 속에서도 수렴청정을 거치면서 최고의 권력을 행사했던 여성이 있었다. 바로 무조武曌이다. 흔히 측천무후則天武后로 불린다. 원래 당唐 태종太宗의 후궁으로 입궁했다가 태종이 사망하자 감업사感業寺로 출가했다. 하지만 고종高宗의 후궁이 되어 다시 궁으로 입궁했고, 이후 황후가 되었다. 그리고 고종이 병약해지자 일정 기간 수렴청정을 했다.

물론 측천무후가 중국 역사 속에서 수렴청정했던 최초의 여성은 아니다. 전한前漢 시대에 최초의 황후이자 황태후, 그리고 태황태후의 자리에 오르면서 수렴청정했던 사람은 바로 우리에게도 잘 알려진 전한 고조 유방劉邦의 아내 여태후呂太后이다. 고조가 사망하고, 황제로 즉위한 아들 혜제惠帝도 젊은 나이에 사망했다. 그러자 혜제의 양자가 황제로 즉위했는데, 바로 한소제漢少帝이다. 그가 어린 나이에 황제로 즉위했기 때문에 여태후는 수렴청정을 계기로 무려 8년 동안 절대 권력을 휘둘렀다.

측천무후 이후에도 여성이 수렴청정하는 경우가 있었다. 916년에 거란족의 야율아보기耶律阿保機는 새로운 국가를 수립했다. 바로 요遼이다. 요에서는 한인을 지배하기 위해 이중 지배체제를 만들었다. 그 결과, 남면관南面官에서는 당의 군현 제도를 모방했고, 북면관北面官에서는 거란의 관습에 따라 통치했다. 초기에는 정치적으로 불안정했지만, 6대 황제 성종聖宗이 즉위하면서 정치적으로 안정화되고 세력을 강화했다.

소태후蕭太后는 성종의 어머니로서 요의 발전에 중요한 역할을 담당했다. 남편 경종景宗이 몸이 허약했기 때문에 중요한 국가의 일을 처리했고, 12세에 황제로 즉위한 성종을 수렴청정했다. 이 기간에 그녀는 법전을 편찬하고, 과거제를 시행하여 인재를 등용함으로써 한족의 정치체제와 틀을 수용해 요의 기강을 세우는 데 노력했다.

이와 더불어 불경을 편집하고 수정하여 불교문화를 발전시켰다. 993년에 고려를 침략한 것도 그녀의 계획이었다. 결국 요가 영토를 확대하고, 활발한 교역을 토대로 제국으로 발전할 수 있었던 것은 소태후의 수렴청정 덕분이었다.

그러나 여태후나 소태후도 수렴청정만 했을 뿐, 중국의 황제가 되지는 못했다. 사실 여태후는 고조의 사망 사실을 숨긴 채 공신들을 숙청하고 자신이 권력을 장악하고자 했다. 하지만 고조의 공신 중 한 사람인 역상酈商이 공신들이 숙청 계획을 알게 된다면 오히려 반란을 일으켜 국가가 멸망할 것이라고 압박하자, 결국 포기했다.

반면, 황후가 된 측천무후는 자기 아들을 황태자로 책봉하고, 자신의 반대파를 모두 숙청했다. 그 결과, 당시 당의 문벌귀족이었던 관롱집단關隴集團이 쇠퇴하기 시작했다.

관롱집단은 문벌귀족을 의미한다. 남북조 시대부터 당에 이르기까지 오늘날 산서성山西省에 해당하는 관중關中과 오늘날 감숙성甘肅省 동남쪽에 해당하는 농서隴西를 기반으로 삼았다. 386년에 선비족 탁발부拓跋部는 화북 지역에 북위를 세웠다. 그리고 몽골 지역의 유목민족인 유연柔然의 침입을 방지하기 위해 여러 개의 진鎭을 설치했다. 이후 일부 선비족들이 진으로 이동해 그 지역의 정치 및 군사를 담당하면서 상당한 특권을 누렸다.

하지만 수도를 평성에서 낙양으로 옮기면서 진은 과거만큼 중요하지 않게 되었다. 진으로 이동한 선비족들의 특권은 취소되었고, 오히려 남쪽으로 이동한 선비족들에 비해 차별대우를 받게 되자 반란이 발생했다.

결국 북위는 서위와 동위로 분할되었다. 서위는 관중과 농서 지역을 주요 근거지로 삼고 있었다. 따라서 서쪽으로 이동한 선비족들과 원래 이 지역 출신의 사람들을 중심으로 새로운 세력을 형성했다. 이들이 바로 관롱집단의 기원이다.

관롱집단은 다양한 혼인 관계를 통해 상호연계를 강화했는데, 이후 수와 당에 이르기까지 황실과 밀접한 혈연관계를 맺고 있었다. 이들이 수와 당의 정치를 주도했다. 비록 과거제를 시행하면서 정치에 새로 참여하는 사람들이 증가했지만, 여전히 정치의 핵심은 관롱집단이었다. 이들의 세력을 약화시키고, 자

명화로 읽는 여왕의 세계사

신만의 새로운 세력을 형성한 것이 바로 측천무후였다. 관롱집단은 측천무후의 사망 후 어느 정도 세력을 회복했지만, 이후 반란과 당쟁이 발생하면서 그들의 우월한 지위는 더욱 하락했다. 그리고 당이 몰락하면서 그들 역시 역사 속으로 사라졌다.

2. 무주혁명과 신흥 계층의 부상

1688년에 잉글랜드에서는 역사적 사건이 발생했다. 의회가 당시 잉글랜드 왕이었던 제임스 2세James II를 몰아내고 딸 메리 2세Mary II를 왕으로 추대한 것이다. 그녀는 남편 오라녀공 빌럼 1세William I와 함께 공동으로 왕위에 올랐다.

역사학자들은 사망자가 발생하지 않기 때문에 이 사건을 '명예혁명'이라고 부른다. 한 가지 흥미로운 사실은 사건이 발생했던 당대에 이미 혁명이라고 불렸다는 것이다. 일반적으로 혁명이라는 이름이 붙은 수많은 사건은 당대에는 반란이나 전쟁 등의 이름으로 불리다가 후일 혁명으로 불렸다.

17세기 초, 잉글랜드 군주들은 '왕권신수설Divine Right of Kings'을 굳게 믿고 있었다. 왕권신수설은 왕이 신으로부터 권한을 부여받은 존재라고 믿는 것이다. 로마 제국이 몰락한 이후 세속 군주들은 교회와 종교의 권위를 빌려 왕권을 강화했다. 그리고 왕권의 고유함을 입증하기 위한 이론적 근거로 왕권신수설을

그림 18. 고드프리 넬러Godfey Kneller, <메리 2세의 초상화>, 1690년 作. 넬러는 영국 초상화가로서 왕실 소속의 수석 화가였고, 영국 최초의 아카데미를 창설했다. 메리 2세Mary II는 남편과 공동으로 왕위에 올랐지만, 남편의 부재 시에만 정치에 개입했다. 천연두로 사망한 것으로 추정된다.

명화로 읽는 여왕의 세계사

주장했다.

그러나 16세기에 종교개혁이 발생했다. 제네바에서는 칼뱅주의가 등장해 모든 권위를 <성경>에 두었다. 그리고 <성경>을 어긴 왕을 폭군으로 간주했다. 이러한 분위기는 스코틀랜드에도 확산되었다. 하지만 제임스 1세James I는 스코틀랜드와 잉글랜드를 합쳐 더 강력한 왕권을 주장함으로써 칼뱅주의 법학자들과 갈등을 초래했다.

찰스 1세Charles I 역시 왕권신수설을 굳게 믿고 있었다. 그래서 왕권을 수호하기 위해 강력한 상비군을 조직하려 했다. 그러자 의회는 의회의 동의 없이 국왕이 세금을 거둘 수 없다는 조항에 왕이 승인하도록 했다. 바로 '권리청원Petition of Right'이다.

그러나 1629년에 의회는 강제 해산되었다. 이후 스코틀랜드와의 전쟁이 발발하자 전쟁에 필요한 세금을 거두기 위해 찰스 1세는 다시 의회를 소집했다. 이를 이용해 의회는 의회의 권한을 강화하는 법안을 다시 제정했다.

이렇게 찰스 1세와 의회의 대립이 극심해지다가 결국 내전이 발생했다. 이 내전에서 의회가 승리했고, 찰스 1세는 처형되었다. 흔히 '청교도 혁명Puritan Revolution'이라 불리는 이 사건 이후 왕정이 몰락하고 연방이 수립되었다. 그리고 올리버 크롬웰Oliver Cromwell이 정권을 장악했다.

크롬웰은 항해법을 제정해 잉글랜드 상업을 보호하고, 당시 경쟁국이던 네덜란드에 상당한 타격을 가했다. 그러나 많은 국민은 크롬웰의 지나친 청교도 정신 강요를 싫어했다. 결국 크롬웰 사망 후 찰스 2세Charles II가 즉위하면서 잉글랜드는 다시 왕정으로 되돌아갔다.

찰스 2세를 이어 왕으로 즉위한 제임스 2세는 독실한 가톨릭 신자였다. 더욱이 왕권신수설을 토대로 왕권을 다시 강화하고자 했기 때문에 의회와 사이가 좋지 않았다. 뒤늦게 왕자가 태어나자 의회는 상당한 위기의식을 느꼈고, 결국 큰딸 메리와 사위 오라녀공 빌렘에게 잉글랜드의 왕위를 양도하겠다는 편지를 보냈다. 당시 제임스 2세는 상당한 병력을 소유하고 있었지만, 이를 소집하는 데 오랜 시간이 걸려 결국 프랑스로 망명했다.

이 사건을 계기로 잉글랜드에는 엄청난 변화가 나타났다. 바로 1689년에 의회에서 '권리장전Bill of Rights'이 승인된 것이다. 다음과 같은 13가지 조항으로 구성되어 있다.

1. 국왕은 의회의 동의 없이 법의 효력을 정지하거나 법의 집행을 정지할 수 있는 권력이 있다는 주장은 위법이다.
2. 최근에 권한을 독점하고 행사했던 것처럼 왕권에 의해 법률이나 법률 집행을 무기력하게 만드는 권력은 위법이다.
3. 최근에 종무 위원회 재판소를 설립하기 위해 발행된 위임장을 포함하여 그와 유사한 성격을 띤 모든 위임장과 재판소는 불법이며, 유해하다.

4. 국왕의 대권을 구실로 의회의 승인 없이 의회가 이미 승인했
거나 앞으로 승인할 내용과 달리 기간을 연장하거나 편법을
써서 국왕이 쓰기 위한 금전을 징수하는 것은 위법이다.

5. 국왕에게 청원하는 것은 국민의 권리이니, 그러한 청원을 했
다고 해서 구금되거나 박해를 가하는 것은 위법이다.

6. 의회의 동의 없이 평상시에 왕국 안에서 상비군을 징집, 유
지하는 것은 위법이다.

7. 신교를 믿는 국민은 상황에 따라 법률이 허용하는 범위 내
에서 자기방어를 위해 무장할 수 있다.

8. 의회에서의 선거는 자유롭게 이루어져야 한다.

9. 의회 안에서 말하고 토론하고 의논한 내용으로 의회 아닌
어떤 곳에서도 고발당하거나 심문당하지 않는다.

10. 지나친 보석금이 요구되어서는 안 될 뿐만 아니라 지나친
벌금이 부과되어서도 안 되고, 잔혹하고 상식에서 벗어난
형벌이 가해져서도 안 된다.

11. 배심원은 정당한 방법으로 선출되어야 하고, 대역죄로 기
소된 사람을 심리하는 배심원은 토지의 자유 보유권자여야
한다.

12. 유죄 판결 이전에 특정인에게 부과되는 벌금과 몰수를 인
정하고 보장하는 조치는 불법이며 무효이다.

13. 모든 요구사항을 처리하고 법률을 수정, 보강 및 유지하기
위해 의회는 자주 소집되어야 한다.

자연권을 보장하기보다는 왕권을 견제하기 위한 목적이 더

욱 강했지만, 이는 인류 역사상 최초의 권리장전이었다. 권리장전은 이후 영국 의회정치를 확립하는 데 토대가 되었고, 미국의 독립선언문이나 프랑스 인권선언에도 많은 영향을 미쳤다. 아버지에 대한 딸의 혁명에서 비롯된 것이었다.

중국에서도 여성이 혁명을 일으켰던 사례가 있었다. 측천무후는 남편과 아들의 수렴청정만으로 만족하지 못했다. 결국 그녀는 스스로 황제가 되어야겠다고 생각하고 혁명을 일으켰다. 그래서 656년에 황태자를 폐위시키고 자신의 아들 이홍李弘을 황태자에 앉혔다.

이후 황태자가 사망하자 둘째 아들 이현李賢을 황태자로 세웠다가 폐위시켰다. 그리고 셋째 아들 이현李顯을 황태자로 세웠다. 바로 당의 4대 황제 중종中宗이다. 하지만 중종의 황후가 정권을 장악하려 하자 폐위시키고, 넷째 아들 이단을 예종睿宗으로 삼았다.

이에 반발한 일부 황족들이 반란을 일으켰지만, 측천무후는 이를 모두 진압했다. 그녀는 관롱집단과 자신에게 반대하는 황족들을 제거했다. 그리고 자신의 정치 야망을 실현하기 위해 예종을 폐위시키고, 스스로 황제가 되었다.

측천무후는 국호를 당에서 대주大周라고 변경했다. 수도는 장안에서 낙양으로 천도했다. 역사학자들은 BCE 1046년~BCE 771년까지 존재했던 고대 주周와 구분하기 위해 측천무후가 설립한 주를 '무주武周'라고 부른다.

측천무후는 관롱집단을 대체할 새로운 인재들을 등용했다. 이를 위해 우선 과거제도를 정비했다. 1904년 7월에 272명이 참여한 전시殿試가 열렸다. 전시는 황제가 주관하는 과거제도를 의미한다. 이후 중국에서 1천 년 이상 시행되었던 과거제도는 역사 속으로 사라졌다.

중국에서 처음 과거제도가 시행된 것은 598년이다. 수隋 문제文帝는 지방 호족의 세력을 통제하기 위해 주나 현의 하급관리까지 모두 중앙에서 파견하고, 출신 지역을 피하는 원칙을 적용했다. 강력한 중앙 집권제를 위해서였다.

이렇게 관료제를 정비하자 여러 명의 관료 후보자가 필요했다. 후보자를 선발하기 위해 선거제도를 개혁해야만 했고, 그 과정 속에서 과거제도가 탄생했다. 물론 과거제도가 인재를 선발하는 최초의 제도는 아니었다.

BCE 134년에 한漢 무제武帝는 유학자 동중서董仲舒의 건의를 받아 향거리선제鄕擧里選製를 시행했다. 이는 유교 사상에 따라 지역 사회 내에서 인품이 높은 사람을 채용하는 제도이다. 향거리선제는 지방 세력을 중앙정부로 편입시키는데 중요한 연결고리 역할을 담당했다. 이후 한에서는 일반적인 관리 임용법이 되었지만, 시간이 흐르면서 환관의 매작이나 외척의 세력 확대 때문에 기능을 상실했다.

위진남북조魏晉南北朝 시대에는 구품관인법九品官人法이라는 관리 임용제도가 시행되었다. 지방의 군 출신 관리 중 중정中正이라는 관리를 선정하고, 군내 관리의 재능 및 덕행을 조사해서 1~9품으로 나누었다. 이를 향품鄉品이라고 한다. 그리고 향품에 대응하기 위해 관료 역시 1~9품으로 구분한 후 관품官品

그림 19. 작자, 연대 미상. <당의 과거제도>. 당에서는 과거에 합격한다고 해서 바로 관리가 된 것이 아니라 과거와 임관이 별도로 진행되었다.

이라고 했다.

구품중정제의 원래 목적은 가문에 상관없이 개인의 재능이나 덕망에 따라 관리로 임명하는 것이었다. 하지만 실제로 중정에 임명되는 사람들은 대부분 지방 유력자들이었다. 결국 구품중정제로 인해 호족 세력이 관직을 독점하고, 정치적 실권을 장악했다. 그리고 이들은 귀족 계급을 형성했다.

당의 과거제도는 크게 공거貢擧와 제거制擧로 나눌 수 있다. 공거는 매년 한 차례 실시되는 고시이고, 제거는 황제가 임시로 조서를 내려 특수한 인재를 선발하는 것을 의미한다. 공거는 두 단계로 구분되어 시행되었다. 우선, 지방의 주현州縣에서 향시鄉試를 치른다. 그리고 이에 통과한 사람들이 도성에 모여 예

명화로 읽는 여왕의 세계사

부_{禮部}에서 시행하는 공거를 본다. 공거에 통과하면 관리가 될 수 있었다.

측천무후는 과거제도를 통해 새로운 신흥세력을 등용했다. 과거제도는 원래 평등한 경쟁과 지식을 숭상하는 순기능을 지닌 제도였다. 따라서 그녀는 과거제도의 본래 목적을 최대한 부각하고자 했다. 명 말기에 과거제도는 유럽으로 소개되었다. 당시 유럽 지식인들 가운데 볼테르_{Voltaire}나 드니 디드로_{Denis Diderot} 등 계몽사상가들은 중국의 과거제도를 채택해서 학문을 숭상하고, 이를 통해 인간을 평가해야 한다고 주장하기도 했다.

측천무후는 재능이 뛰어난 인재들을 신분에 상관없이 파격적으로 임용하기도 했다. 대표적인 사람으로는 적인걸_{狄仁杰}을 들 수 있다. 오늘날 대법관과 비슷한 관직인 대리승_{大理丞}이 된 적인걸은 수많은 안건들을 공평하고 합리적으로 처리해서 원성이 하나도 없을 정도였다. 고종은 대신을 감찰하고 탄핵하는 관직에 그를 임명했고, 측천무후 역시 적인걸을 신뢰하여 재상으로 삼았다.

무주혁명 후 새로운 국가를 세운 측천무후에게 황태자 선택은 매우 중요한 결정이었다. 그녀는 이씨 아들과 무씨 조카 중 누구를 황태자로 삼으면 좋을지 고민했다. 사람들은 측천무후가 황제이니 당연히 무씨 조카를 황태자로 삼아야 한다고 주장했다. 하지만 적인걸은 아들이 조카보다 더 가까운 사이임을 강조하면서 이씨 아들을 황태자로 삼아야 한다고 주장했다. 결국 적인걸의 조언대로 측천무후는 아들을 황태자로 삼았는데, 이 사례만으로도 그녀가 적인걸을 얼마나 신뢰했는지 잘 알 수 있다.

적인걸은 소신대로 정치를 했을 뿐만 아니라 현명한 인재도 많이 추천했다. 당시 요송姚崇이나 송경宋璟 등 수십 명의 사람들이 적인걸의 도움으로 적재적소에 임명되어 재능을 마음껏 발휘했다. 이들은 근검절약을 실천하고, 민생을 안정시킴으로써 국력을 강화하는데 중요한 역할을 담당했다.

따라서 무주혁명 이후 백성들의 삶은 이전보다 훨씬 안정되었다. 비록 혁명으로 권력을 탈취했지만, 측천무후는 태종이 통치했던 '정관의 치貞觀之治'에 버금갈 정도로 통치를 잘했다는 평가를 받는다. 이는 과거제도를 통해 적절한 인재를 등용한 결과였다. 이러한 정치적, 경제적 안정은 이후 현종 때 당이 전성기를 이룩할 수 있는 토대를 마련해주었다.

3. 측천무후의 공포정치와 '무자비無字碑'

1775년 6월 11일, 프랑스 국왕 루이 16세Louis XVI와 왕비 마리 앙투아네트Marie Antoinette는 랭스의 노트르담 대성당에서 대관식을 거행했다. 대관식을 마치고 돌아오는 길에 이들은 파리의 한 학교를 방문했다. 그리고 가장 성적이 우수한 학생의 라틴어

환영 연설을 들었다.

하지만 왕은 학생의 축사에 대해 어떠한 답례도 하지 않았다. 자신들을 기다리느라 오랜 시간 동안 기다렸던 학생들에게 감사의 인사조차 없었다. 축사를 했던 소년은 왕을 배려심이 부족한 지도자라고 생각했다. 놀랍게도 이들은 후일 다시 만났다. 1792년 12월, 이 소년은 루이 16세의 처형을 주장했다. 바로 막시밀리앵 드 로베스 피에르Maximilien François Marie Isidore de Robespierre 였다.

변호사가 된 그는 무료 법률 상담과 무료 변론으로 유명해졌다. 그리고 국민 참정권을 주장하면서 삼부회 대의원으로 선출되었다. 이렇게 정치에 입문한 로베스피에르Robespierre 는 프랑스혁명이 발발하자 혁명 활동에 적극적으로 가담했다. 루이 16세의 처형 여부를 결정하는 재판에서 그는 무려 11차례에 걸쳐 사형을 요구했다. 이 과정에서 비인간적인 절대왕정과 신분체제때문에 억압당했던 수많은 사례들을 상기시켰다. 결국 1793년 1월 21일, 루이 16세는 단두대에서 처형되었다.

집정관이 된 로베스피에르는 건강한 정신 아래 건강한 육체가 있다고 주장했다. 특히 범죄와 약탈, 그리고 도둑질을 엄격하게 처리했다. 무기를 소지하고 약탈한 사람이나 강간한 사람, 뇌물을 받은 관리들은 공개적으로 교수형에 처했다. 뿐만 아니라 국왕 처형 후 1년 만에 반혁명파 1만 5천 명 이상을 단

그림 20. 자크 루이 다비드Jacques Louis David, <마라의 죽음>, 1793년 作. 다비드는 프랑스 고전 미술의 대표 화가로서 초상화를 통해 고전적인 형식미와 사실적인 묘사력을 보여주고 있다. 장 폴 마라Jean-Paul Marat는 프랑스혁명 지도자 가운데서도 과격파에 속해 있었는데, 다비드는 마라의 친구였다. 그는 마라의 죽음을 순교자처럼 묘사함으로써 그를 영웅으로 만들었다. 로베스피에르는 마라의 사망 후 공포정치를 시행했다.

명화로 읽는 여왕의 세계사

두대에서 처형했다. 프랑스 전역에서 처형된 사람들은 3만 명이상이었다. 단두대에서 처형되지 못한 사람들은 구덩이를 파고 수백 명씩 몰아넣은 다음 대포를 쏘았다. 기록에 따르면, 한번에 25만 명 이상이 학살되기도 했다. 그야말로 공포정치였다.

이렇게 끔찍한 공포정치가 계속되자 혁명파 내부에서도 그에 대한 반발이 발생하기 시작했다. 결국 1794년에 '테르미도르의 반동Thermidorian Reaction'이 일어났다. 테르미도르는 프랑스혁명 때 제정된 혁명력 중 11번째 달을 의미한다.

로베스피에르가 반혁명파를 숙청하려 하자 다음 날, 로베스피에르에 반대하는 사람들은 그를 체포하고 처형하기로 결정했다. 로베스피에르는 공포정치로 프랑스를 안정시키고자 했지만, 오히려 프랑스를 더욱 혼란에 빠뜨렸다. 결국 자신이 처형시켰던 루이 16세와 마찬가지로 단두대에서 처형되었다. 이후 프랑스는 여러 정부 형태를 거치면서 결국 나폴레옹 보나파르트Napoléon Bonaparte가 정치권력을 독점했다.

공포정치는 정권을 획득하거나 유지하기 위해 대중에게 공포를 준다. 로베스피에르의 공포정치 외에도 인류 역사 속에서 공포정치를 시행했던 사례들은 적지 않게 찾아볼 수 있다. 무주혁명으로 새로운 국가를 세운 측천무후 역시 자신의 왕권을 강화시키기 위해 전례 없는 공포정치를 시행했다. 그녀가 선택했던 공포정치는 바로 '혹리酷吏'였다.

혹리는 원래 한 무제 때부터 존재했다. 백성을 사랑이나 온정으로 통치하는 관리인 순리循吏에 대응하는 말이다. 순리가 유가 사상에서 강조하는 온정주의를 토대로 통치하는 관리였다면, 혹리는 법가 사상을 토대로 삼고 있다. 당시 한에서는 흉노족과의 끊임없는 전쟁 및 서역으로의 진출 때문에 막대한 비용이 소요되었다. 그래서 덕치나 왕도를 주장하는 유가 이외에도 실무에 밝은 법가 출신의 관리들이 필요했다.

혹리로 활동했던 관리들은 주로 관청의 문서나 법령을 다루던 하급관리였다. 이들은 법령에 상당히 능통했고, 실무경험이 풍부했다. 반면, 가혹하고 혹독하게 법을 집행했다. 무제는 이들을 고위관리로 임명해 관료사회의 질서를 확립하거나 재정정책 시행 및 호족 탄압 등의 정책을 담당하도록 했다.

이에 대해 사마천司馬遷은 <사기> <혹리열전>에서 혹리제도를 이렇게 비판하기도 했다.

「下士聞道大笑之」. 非虛言也. 漢興, 破觚而為圜, 斲雕而為樸, 網漏於吞舟之魚, 而吏治烝烝, 不至於姦, 黎民艾安. 由是觀之, 在彼不在此.

노자 또한 이렇게 말했다. "저속한 선비가 도를 들으면 그저 크게 웃기만 한다." 이는 헛된 말이 아니다. 한漢나라가 일어나자 고조高祖는 가혹한 형벌을 없애고 법을 간단하게 했고, 번잡한 것을 버리고 소박한 것을 취했는데, 법망을 배를 삼킬 만한 큰 고기도 빠져나갈 수 있을 만큼 너그럽고 간략하게 만들었다. 그리하여 관리의 다스림은 순박하고 인정이 두텁게 되었고, 백성들도 모두 태평 무사한 생활을 영위하게 되었다. 이를 살피어 보면, 나라의 정치는 임금의 관대함과 후덕함에 달려있는 것 이지 엄혹한 법령에 달려 있는 것이 아니다.

하지만 측천무후는 혹리를 이용해 공포정치를 했다. 이 시기의 혹리는 법을 철저하게 집행하는 관리라기보다는 오히려 정치 스파이에 가까웠다. 측천무후는 밀고 제도를 잘 활용했는데, 밀고를 전담했던 추사원推事院에는 늘 정적을 모함하는 투서들이 끊이지 않았다.

다시 말해, 자신의 지위를 유지하기 위해 다른 사람의 잘못을 먼저 고자질하는 일이 난무했다. 추사원의 부름을 받은 사람들은 한 번 들어가면 다시 나오는 경우가 드물었다. 그래서 아예 가족들에게 유언을 하고 가는 경우가 많았다.

일부 기록들에 따르면, 측천무후가 권력을 장악하기 위해 죽인 사람은 총 93명이다. 더 놀라운 사실은 이 가운데 23명은 자녀를 포함한 가족과 친척이라는 것이다. 따라서 자신의 정치권력을 지키기 위해 그녀가 공포정치를 시행했던 것은 충분히 이해할 수 있는 부분이다. 사실 중국 역사 속 다른 황제들의 정치를 고려한다면, 그녀가 더욱 심한 폭군이라고 보기는 어렵다.

<묵자> <법의편>에 따르면, 선하지 않은 짓을 하여 국가에 화를 입힌 왕으로는 걸왕桀王, 주왕紂王, 유왕幽王, 그리고 여왕厲王을 들 수 있다. 걸왕은 하夏 최후의 왕으로서 포악한 정치를 했기 때문에 은에 패해 도망가다가 죽었다. 주왕은 은殷 최후의 왕으로 주지육림의 날을 보내다가 스스로 불에 뛰어들어 죽었다.

주의 유왕은 사랑하는 후궁 포사褒姒의 웃음을 보기 위해 수시로 봉화를 올렸다. 결국 견융족이 침입했을 때 제후들이 돕지 않아 길에서 살해되었다. 서주西周의 여왕 역시 자신을 비방하는 사람들을 함부로 죽이고 충언을 듣지 않아 결국 백성의 공격을 받아 도망갔다. 이들과 비교한다면, 측천무후의 공포정치가 더 심하다고 보기는 어렵다.

사실 역사학자들은 측천무후의 정치를 상당히 긍정적으로 평가한다. 비록 공포정치를 했지만, 호구 및 토지 조사를 철저하게 시행하여 백성들이 안정적으로 살 수 있도록 했다. 그 결과, 당시 인구는 약 2배 이상 증가했고, 국가 재정 역시 증가했다.

이와 더불어 이 시기에 학문적 전성기를 맞이하기도 했다. 관롱집단을 축출하고 재능과 능력을 중심으로 관리를 선발하여 새로운 정치 세력을 배양했기 때문이다. 당시 뛰어난 문인들을 우대함으로써 문화적으로 발전했고, 불교를 숭상했다. 또한 공예나 도자기, 건축 등 예술이 발전하는데 중요한 토대를 마련

명화로 읽는 여왕의 세계사

했다.

705년에 측천무후가 노환이 들자, 재상을 비롯한 신하들은 그녀에게 퇴위를 요구했다. 이후 무주는 당으로 국호를 변경했고, 아들 이현이 다시 황제로 복귀했다. 결국 그녀의 나라는 15년밖에 유지되지 못했다. 그리고 그 해 12월, 측천무후는 사망했다.

중국 서안에서 약 60 킬로미터 정도 떨어진 건릉의 길가에는 약 120여 개의 석상이 줄지어 서 있다. 석상의 길이는 무려 5백 미터에 달하는데, 이 능에 고종과 측천무후가 매장되어 있다. 흥미로운 사실은 가장 안쪽에 아무 글자도 새겨지지 않은 무자비無字碑가 세워져 있다는 것이다. 기록에 따르면, 측천무후는 사망할 때 자신의 업적이 너무 많아 비석에 다 기록할 수 없으니 아무 것도 기록하지 말라고 유언했다. 그리고 유언에 따라 그녀의 비석에는 아무 것도 기록되지 않았다.

<삼국사기> 제5권 신라본기 선덕왕에는 이런 기록이 등장한다.

臣聞之, 古有<女媧>氏, 非正是天子, 佐<伏犧>理<九州>耳, 至若<呂雉>.<武曌>, 値幼弱之主, 臨朝稱制, 史書不得公然稱王, 但書<高皇后呂氏>.<則天皇后武氏>者. 以天言之, 則陽剛而陰柔, 以人言之, 則男尊而女卑. 豈可許姥媼出閨房, 斷國家之政事乎? <新羅>扶起女子, 處之王位, 誠亂世之事. 國之不亡, 幸也.『書』云: "牝鷄之

晨."『易』云: 羸豕孚蹢躅." 其可不爲之戒哉?

나는 다음과 같은 말을 들었다. 옛날에 여와씨가 있었으나, 그녀는 천자가 아니라 복 희를 도와 9주를 다스렸을 뿐이며, 여치와 무조 같은 경우에는 어리고 약한 임금을 만났기에 조정에 나와 정사를 보았으므로, 역사서에서는 공공연히 임금이라 일컫지 못하고 다만 고황후 여씨, 측천황후 무씨로만 기록하고 있다.

하늘의 원리로 말한다면, 양陽은 강하고 음陰은 부드러운 것이며, 사람의 원리로 말한다면, 남자는 존귀하고 여자는 비천한 것이다. 어찌 늙은 할미가 규방을 나와 국가의 정사를 처리하는 것을 허락할 수 있을 것인가? 신라는 여자를 추대하여 왕위에 앉게 하였다. 이는 실로 어지러운 세상에나 있을 일이었으니, 나라가 망하지 않은 것이 다행이었다. 〈서경〉에는 "암탉이 새벽에 운다"고 하였고, 〈주역〉에는 "암퇘지가 껑충거린다"고 하였으니, 어찌 경계하지 않을 수 있겠는가?

〈삼국사기〉의 저자 김부식은 선덕여왕과 같은 여성 통치자가 존재해서는 안 된다고 생각했다. 그러면서 측천무후가 여성이었기 때문에 남성 역사가들에 의해 결국 황제 칭호를 금지당하고 무후로만 기록되고 있다는 점을 강조하고 있다. 그야말로 여성 통치자에 대한 부정적인 시각을 고스란히 엿볼 수 있는 대목이다.

측천무후는 자신의 힘으로 권력을 획득하고, 황제를 바꾸고,

명화로 읽는 여왕의 세계사

더 나아가 스스로 중국 최초의 여성 황제가 되었다. 이후 많은 역사학자들은 그녀를 개인적인 권력욕에 사로잡힌 악녀로 묘사했다. 하지만 그녀가 통치했던 기간 동안 중국은 이전 시기보다 정치적, 경제적으로 안정화되고 발전했다.

다시 말해, 측천무후의 통치를 경험하면서 당은 위대한 제국으로 발전할 수 있는 토대를 마련했다. 이러한 점에서 본다면, 측천무후에 대한 역사적 재평가가 이루어져야 하지 않을까. 그녀가 중국 역사상 가장 뛰어난 정치가 중 한 사람이었음은 부정할 수 없는 사실이기 때문이다.

IV

위기를 기회로 만든 여왕, 이사벨 1세

위기를 기회로 만든 여왕, 이사벨 1세

1. 레콩키스타와 스페인의 통일

661년에 우마이야 왕조가 수립되었다. 이 왕조의 칼리프는 이슬람 제국 최초의 세습 칼리프였다. 이는 한 가문 내에서 칼리프가 계승된다는 것을 의미한다. 우마이야 가문은 예언자 무함마드Muhammad와 같은 쿠라이쉬 부족이었다. 하지만 무함마드는 하쉼Hashim 가문에 속했고, 우마이야 가문은 압드 샴스Abd Shams 혈통이었다. 사실 이들은 메카의 정치 및 경제적 주도권을 둘러싸고 경쟁관계였다.

무함마드의 양사 알리 이븐 아비 탈리브Ali Ibn Abi Talib가 제 4대 칼리프로 선출되었을 때 이슬람 제국은 정치적으로 매우 혼란스러웠다. 제 3대 칼리프 우스만 이븐 아판Uthman Ibn Affan이 암살당했고, 배후가 밝혀지기도 전에 알리가 칼리프로 선출되었다. 이에 우마이야 가문의 무아위야Muawiyah가 알리에게 도전했지만, 알리는 무아위야에 승리했다.

불리해진 우마이야 가문에서는 <꾸란>을 내걸고 화평을 요구했다. 알리는 이를 받아들였는데, 당시 알리 측근들 중 일부는 이에 반발했다. 이 과정에서 결국 알리는 암살당했다.

이후 무아위야는 분열된 이슬람 세계를 통합해 우마이야 왕조를 수립했다. 이때 이슬람교는 두 개의 교파, 즉 시아파와 수니파로 분열되었다. 시아파는 무함마드와 그 후손만이 칼리프가 될 수 있다고 생각하는 집단이고, 수니파는 무함마드와 혈연관계가 아니더라도 칼리프가 될 수 있다고 인정하는 집단이다. 따라서 시아파는 우마이야 왕조를 부정했다. 더욱이 무아위야는 선출에 의해 칼리프를 뽑는 전통을 무시하고 아들에게 칼리프를 세습했다.

칼리프를 둘러싼 내전이 발생했지만 결국 종결되었고, 압드 알 말리크Abd al-Malik와 알 왈리드 1세Al-Walid I의 통치기에 우마이야 왕조는 전성기에 달했다. 활발한 정복사업으로 우마이야 왕조의 영토는 아프가니스탄과 펀자브 지방, 그리고 북아프리카 전역과 스페인 전역에까지 확대되었다. 강력한 전제 군주제를 확립했고, 통화 체제를 정비했으며, 아랍어를 공식어로 선정했다.

하지만 술라이만 이븐 압드 알 말리크Sulayman ibn Abd al-Malik는 선대 장군과 총독을 숙청하고, 동로마 제국 정복에 실패했다.

이후 우마이야 왕조는 점차 쇠퇴하기 시작했다. 여러 전투에서 패배했고, 당시 전체 인구의 10% 정도밖에 되지 않던 무슬림 중심 정책이 더욱 강화되면서 사회 분열이 가속화되었다. 결국 반란이 일어나 압바스 왕조가 수립되고, 아불 압바스 앗 사파흐_{Abul Abbas as-Saffah}를 새로운 칼리프로 세웠다.

압바스 왕조를 세운 압바스는 우마이야 왕조의 왕족들을 모두 죽였다. 학살 속에서 살아남은 압드 알 라흐만_{Abd al-Rahman}은 오늘날 스페인의 코르도바로 피신해서 756년에 그곳에 왕조를 수립했다. 그는 우마이야 왕조의 마지막 왕자였기 때문에 정치적 정당성을 가지고 있었고, 이베리아 반도 내 무슬림은 라흐만의 통치를 인정했다. 바로 후_後우마이야 왕조이다.

역사학자들은 중세에 이베리아 반도를 통치했던 이슬람 국가를 보통 '알 안달루스_{Al Andalus}'라고 부른다. 시기적으로는 이슬람 제국이 서고트 왕국을 정복했던 711년~1492년까지를 의미하며, 공간적으로는 이베리아 반도와 오늘날 남부 프랑스에 해당하는 셉티마니아 일부 지역을 포함한다. 왕조로 본다면 우마이야 왕조부터 후우마이야 왕조, 그리고 3차례의 분열기와 최후까지 존재했던 나스르 왕조까지 포함된다.

711년에 이슬람 제국이 이베리아 반도를 침략한 이후 약 3백년 정도 하나의 왕국이 지배했다. 하지만 이후 쿠데타를 비롯해 계승권 분쟁이 벌어졌고, 1031년에 마지막 칼리프가 폐위되었

명화로 읽는 여왕의 세계사

그림 21. 장 조제프 벤자민 콩스탕Jean-Joseph Benjamin-Constant, <하렘의 장면>, 1876년 作. 프랑스 화가 콩스탕은 모로코 여행을 통해 동양 철학과 예술로부터 많은 영감을 받았다. 하렘은 일반적으로 궁궐의 후궁이나 가정 내실을 의미하는데, 가까운 친척을 제외한 일반 남성들의 출입이 금지된 장소였다. 이슬람교에서는 남녀 간의 예의를 엄격하게 지키도록 규제했기 때문에 중세 이슬람 여성들은 하렘에서 격리된 생활을 했다.

다. 그리고 이베리아 반도 내 이슬람 왕국은 다수의 왕들이 지배하는 소왕국으로 분열되었다. 역사학자들은 이를 '타이파Taifa'라고 부르는데, 내분 때문에 타이파들의 사이는 좋지 않았다.

그 결과, 이베리아 반도 내 가톨릭 세력이 이슬람 세력과 대립했다. 이러한 세력으로는 카스티야-레온 왕국, 아라곤 연합 왕국, 나바라 왕국, 포르투갈 왕국을 들 수 있다. 그리고 이들

왕국을 중심으로 레콩키스타Reconquista가 활발해졌다.

레콩키스타는 '재정복'을 의미하는 스페인어이다. 이베리아 반도에서 가톨릭 왕국이 이슬람 세력을 축출하기 위해 벌인 활동을 의미한다. 이베리아 반도가 이슬람 제국에 정복된 711년에 시작되어 1492년까지 지속되었다. 어쩌면 인류 역사상 가장 오랫동안 지속된 전쟁이라고 볼 수도 있다.

레콩키스타의 중심 세력이었던 카스티야-레온 왕국은 카스티야 왕국과 레온 왕국이 통합해서 만들어졌다. 서고트 왕국 장군 펠라요Pelayo는 우마이야 왕조 군대를 물리치고 스페인 북부에 자치 왕국을 세웠다. 바로 이베리아 반도 내 최초의 가톨릭 왕국인 아스투리아스 왕국이었다.

이후 남쪽에 위치한 레온을 점령하면서 레온 왕국으로 불리기 시작했다. 카스티야 왕국은 원래 아스투리아스 왕국의 백작령 가운데 하나였는데, 영토를 넓히면서 독립했다. 특히 카스티야 왕국은 이베리아 반도 중심에 위치했기 때문에 여러 지역으로부터 다양한 세력을 쉽게 모을 수 있었다.

아스투리아스 왕국은 산지가 많아 방어에 유리했다. 그래서 무슬림에 힌 빈도 섬령낭한 석이 없었다. 이 지역을 중심으로 이슬람 제국으로부터 국토를 회복하는 레콩키스타가 추진되었다. 이후 페르난도 1세Fernando I 때 카스티야 왕국과 레온 왕국을 통합했고, 알폰소 6세Alfonso VI 때 톨레도를 점령했다.

톨레도 함락을 계기로 레콩키스타는 가속화되었다. 이후 레콩키스타의 주도권은 카스티야-레온 왕국으로 넘어왔다. 당시 톨레도는 과거 서고트 왕국의 수도이자 지리적 조건으로 인해 최고의 전략 거점지였다.

비슷한 시기에 유럽에서는 십자군 전쟁이 발발했다. 톨레도 점령은 또 다른 종교적 이데올로기를 제공했다. 이베리아 반도에서 톨레도 탈환은 마치 성지 탈환과 비슷한 종교적 맥락에서 이해되기 시작했다. 그리고 이는 이베리아 반도 내 가톨릭 국가들을 초월해 여러 가톨릭 국가들의 역사적 사명으로 인식되었다.

12세기 중반에 북아프리카의 모로코에서 무와히드 왕조가 수립되었다. 그러면서 세르비야와 코르도바를 빼앗겼다. 카스티야-레온 왕국은 전투에서 패배했고, 가톨릭 국가의 사기는 크게 저하되었다. 하지만 1212년의 전투에서 가톨릭 국가는 무와히드 왕조 군대에 크게 승리했고, 이를 계기로 무와히드 왕조는 붕괴하기 시작했다. 코르도바와 세비야도 되찾았다.

그렇지만 이슬람 세력이 완전히 축출된 것은 아니었다. 나스르 왕조가 카스티야-레온 왕국에 종속되는 것을 조건으로 그라나다에 왕국을 수립했기 때문이다.

레콩키스타는 1492년에 한 여왕에 의해 완성되었다. 바로 카스티야의 이사벨 1세Isabel I였다. 그녀가 아라곤 왕국의 왕자 페르난도 2세Fernando II와 결혼하면서 양국 연합이 형성되었다. 새

그림 22. 프란시스코 프라딜라 오르티스Francisco Pradilla Ortiz, <그라나다의 항복>, 1882년 作. 오르티스는 스페인의 역사화가로서 1천 장이 넘는 그림을 그렸는데, 대부분 역사화였다. <그라나다의 항복>은 무함마드 12세Muhammad XII가 이사벨 1세Isabel I와 페르난도 2세Fernando II에게 그라나다 궁전의 열쇠를 주는 장면을 그린 것이다. 오르티스는 이 장면에서 무함마드 12세의 의복과 말을 검은색으로 채색하는 반면, 이사벨 1세의 의복과 말을 흰색으로 채색함으로써 스페인의 승리를 강조하려는 의도를 보여주고 있다. <그라나다의 항복>은 그라나다의 왕실 예배당에 전시되어 있는데, 여기에는 이사벨 1세의 유해가 묻혀 있다.

로운 왕국은 그라나다 왕국에 평화를 대가로 조공을 늘일 것을 요구했다. 하지만 그라나다 왕국의 술탄 아부 핫산Abu-hasan Ail은 이 명령에 복종하지 않았다. 결국 반란이 일어나 핫산은 추방되었고, 그 아들이 무함마드 12세Muhammad XII로 즉위했다.

핫산과 무함마드 12세 사이의 내전을 틈타 카스티야-아라곤

명화로 읽는 여왕의 세계사

의 군대는 그라나다 왕국을 침입했다. 그라나다 왕국의 영토는 계속 축소되었다. 이제 남은 것은 항복뿐이었다. 레콩키스타는 이렇게 종결되었다.

이사벨 1세는 상당히 불우한 어린 시절을 보냈다. 그녀가 태어났을 때 카스티야-레온 왕국의 실권은 수상 알바로 데 루나Álvaro de Luna에게 있었다. 아버지 후안 2세Juan II는 우유부단해서 정치에 별다른 뜻이 없었다. 결국 그녀의 어머니는 의붓아들 엔리케Enrique와 함께 수상을 처형했다.

어머니는 아들 알폰소Alfonso를 낳았지만, 이내 왕이 사망했다. 왕으로 즉위한 엔리케 4세Enrique IV는 새어머니가 자신을 제거하고 의붓동생에게 왕위를 물려줄 것이라는 강박관념에 시달렸다. 그래서 이들을 시골 마을로 유배 보냈다.

이러한 상황 속에서 어머니는 그만 정신이상자가 되었다. 이사벨은 평민들 속에서 생활하면서 어머니와 동생을 돌보아야 했다. 정신이상자가 된 왕후를 본 엔리케 4세는 더는 이들을 두려워하지 않았다. 그래서 이사벨을 유명한 학자들 아래에서 공부시켰다.

하지만 여전히 카스티야-레온 왕국의 상황은 크게 달라지지 않았다. 귀족들의 횡포로 인해 국가 재정은 어려웠고, 국민들은 정치적으로나 경제적으로 불안정했다. 더욱이 엔리케 4세의 딸이 친딸이 아니라는 소문까지 확산되면서 민심은 더욱 악화되

그림 23. 작자, 연대 미상. <가톨릭 부부왕, 아라곤의 페르난도 2세와 카스티야의 이사벨 1세>. 페르난도 2세Fernando II와 이사벨 1세Isabel I의 정치권력이 동등했음을 입증하듯 초상화에서 왕과 여왕의 크기는 동일하게 그려져 있다.

었다.

사람들은 엔리케 4세 대신 알폰소를 국왕으로 추대했다. 결국 내전이 발생했지만, 알폰소의 죽음으로 종결되었다. 그리고 이사벨은 결코 엔리케 4세의 왕위를 위협하지 않겠다고 선언함으로써 카스티야-레온 왕국을 내전으로부터 구했다.

이사벨은 스스로 남편을 선택한 것으로도 유명하다. 당시 엔리케 4세는 강력한 왕국이었던 포르투갈이나 프랑스와 혼인을 통한 동맹 관계를 맺고자 했다. 그러나 이사벨은 아라곤의 페르난도에게 먼저 청혼을 했다. 엔리케 4세의 사후, 결국 카스티야-레온 왕국의 여왕이 되었다. 또한 페르난도 역시 아라곤의 국왕이 되면서 두 국가는 자연스럽게 합병이 되었다.

명화로 읽는 여왕의 세계사

한 가지 흥미로운 사실은 합병 이후 이사벨 1세와 페르난도 2세가 공동으로 국가를 통치했지만, 카스티야에 대해서는 그녀가 독자적으로 처리했다는 것이다. 이사벨 1세는 카스티야에 대해 페르난도 2세가 관여하지 않겠다는 약속을 받아냈다. 그래서 엄밀하게 본다면, 이사벨 1세는 카스티야-레온 왕국에 대해서만, 그리고 페르난도 2세는 아라곤에 대해서만 통치하는 형식이었다고 볼 수 있다.

일부 역사학자들은 이사벨 1세와 페르난도 2세 사이에는 미묘한 긴장감이 늘 존재했다고 주장한다. 특히 카스티야-레온 왕국이 아라곤 왕국보다 국력이 더 강했다. 따라서 당시 유럽에 만연했던 남성 우월주의에도 불구하고, 두 사람은 늘 동등한 군주로 대우받을 수 있었다.

2. 콜럼버스의 항해와 세계 최초의 엔젤투자자

15세기 말에 아메리카 항해를 마치고 스페인으로 돌아온 이탈리아 탐험가 크리스토퍼 콜럼버스Christopher Columbus를 기념하기 위한 환영회가 열렸다. 많은 사람들은 그의 업적을 축하했지만, 일부 사람들은 그를 시기했다. 그래서 그가 한 일은 누구나 할 수 있는 일이라고 폄하했다.

그러자 콜럼버스는 모인 사람들에게 달걀을 하나 주면서 이

것을 세워보라고 요청했다. 사람들은 자신만만했지만, 달걀을 세울 수 있는 사람은 아무도 없었다. 콜럼버스는 달걀을 살짝 깨뜨려 테이블 위에 세웠다. 사람들은 그렇게 하면 누구나 할 수 있다고 빈정거렸다. 이에 콜럼버스는 누군가를 따라 하는 일은 쉽지만 처음 하는 일은 결코 쉽지 않은 일이라고 반박했다.

이 이야기는 이탈리아 역사학자 지롤라모 벤조니Girolamo Benzoni의 저서 <신세계의 역사>에 소개된 일화이다. 이처럼 상식을 뛰어넘는 새로운 생각이나 행동을 가리켜 '콜럼버스의 달걀Egg of Columbus'이라고 표현한다. 일부 역사학자들은 이 이야기가 아무런 근거 없는 허위라고 주장하기도 한다. 그러나 콜럼버스가 서쪽으로 항해함으로써 지구가 둥글다는 사실을 입증하고, 아메리카로 항해한 것은 분명한 사실이다.

1972년에 미국 역사학자 앨프리드 크로스비Alfred W. Crosby는 '콜럼버스의 교환Columbian Exchange'이라는 용어를 만들었다. 이는 콜럼버스의 항해 후 아프로-유라시아와 아메리카 사이에서 발생한 급격한 변화를 의미한다. 아프로-유라시아에서 아메리카로 이동한 것으로는 올리브나 커피, 사탕수수, 말 등이 있다. 반내토 아메리카에서 아프로-유라시아로 이동한 것으로는 감자, 고구마, 옥수수, 칠면조 등을 들 수 있다.

단순히 작물이나 동물뿐만 아니라 치명적인 전염병도 함께 이동했다. 아프로-유라시아에서 아메리카로 이동했던 천연두나 홍역으로 인해 당시 아메리카 원주민의 90% 이상이 절멸했다. 뿐만 아니라 아메리카의 매독이 유럽으로 이동해서 수많은 사람들에게 치명적인 영향을 미쳤다.

그렇다면 전 세계의 역사나 문화, 더 나아가 생태에도 많은 영향을 미쳤던 콜럼버스의 항해는 어떻게 시작된 것일까. 이탈리아 탐험가 콜럼버스는 원래 뛰어난 지도 제작가였다. 지도를 제작하면서 그는 항로와 육로를 정확하게 인식했고, 이는 후일 아메리카로 항해할 때 큰 도움이 되었다.

콜럼버스의 항해 원동력은 <동방견문록>이었다. 원래 제목이 <세계의 기술>인 이 저서는 베네치아 상인 마르코 폴로_{Marco Polo}가 27년간 세계를 여행하면서 경험한 것을 기록한 것이다. 1269년에 베네치아를 출발한 마르코 폴로는 서아시아와 중앙아시아를 거쳐 몽골제국에 도착했다. 쿠빌라이 칸_{Khubilai khan}을 알현한 그는 관직을 하사 받고, 17년간 중국에 머무르면서 동방의 여러 문물을 경험했다.

이후 베네치아로 돌아왔지만, 베네치아와 제노바 사이에 발생한 전쟁에서 그는 포로가 되었다. 일부 학자들에 따르면, 감옥에 갇힌 마르코 폴로는 소설가 루스티첼로_{Rustichello}에게 자신이 경험한 것에 대해 이야기했다. 그리고 그가 구술한 것이 바로 <세계의 기술>이다. 당시 사람들은 마르코 폴로의 저서에 신기하고 놀라운 내용이 많아 그를 허풍쟁이라고 생각하기도 했다.

하지만 후일 아시아를 여행하는 사람들이 증가하면서 <동방견문록>에 쓰인 내용이 상당히 정확하다는 사실이 밝혀졌다.

마르코 폴로의 <동방견문록>으로부터 영향을 받은 사람 중에는 콜럼버스도 있었다. 그는 이 저서를 읽고 동양으로 가려고 했다. 당시 최고의 지도제작자는 이탈리아 천문학자이자 지리학자 파올로 토스카넬리Paolo Toscanelli dal Pozzo였다. 지구가 둥글다는 사실을 믿고 있었던 그는 여행가나 탐험가 등으로부터 여러 사실을 전해 들었다.

토스카넬리는 동양으로 가는 최단거리는 대서양을 가로지르는 것이라고 생각했다. 그는 이러한 자신의 생각을 콜럼버스에게도 알려 주었다. 콜럼버스의 항해에 큰 영향을 미쳤던 것은 바로 지도였다.

콜럼버스의 항해 목적은 매우 분명했다. 대서양을 가로질러 인도에 도착해 향신료와 금을 가지고 되돌아오는 것이었다. 이 시기의 대표적인 향신료는 인도의 후추였다. BCE 400년경에 이슬람 상인을 통해 유럽으로 전래된 후추는 후추나무 열매이다. 냉장 시설이 존재하지 않았던 시기에 유럽인들은 냄새나고 부패한 고기나 생선에 후추를 뿌렸다. 그들에게 후추는 없어서는 안 될 중요한 존재였다.

로마 제국은 계절풍 덕분에 인도양을 건너 이집트로 가는 항로를 개발했다. 그 결과, 비교적 후추를 저렴하게 구매할 수 있

명화로 읽는 여왕의 세계사

그림 24. 장-시메옹 샤르댕(Jean-Baptiste Siméon Chardin), <주석을 댄 구리 냄비, 후추통, 달걀 세 개와 찜냄비>, 1734년 作. 샤르댕은 18세기 프랑스의 가장 독창적인 화가였다. 당시 프랑스에서는 우아하고 장식적인 로코코 미술이 유행했지만, 그는 소박한 부엌살림을 주제로 한 정물화를 주로 그렸다. 움직이는 것을 그리는데 어려움이 있었던 샤르댕은 움직이지 않는 사물을 주로 그렸는데, 이것이 바로 정물화로 표현된 것이다. 이 그림에서 소재로 선택된 냄비나 후추통은 평범하고 소박하지만, 아름답고 위엄을 갖춘 대상으로 표현되었다. 샤르댕만의 구성과 색채, 그리고 조화의 결과라고 할 수 있다.

었다. 하지만 동로마 제국의 멸망 이후 이슬람 제국이 팽창하면서 후추 공급이 점차 감소했다. 따라서 후추 가격은 계속 상승했다. 당시 기록에 따르면, 후추 한 주먹은 노예 10명과 맞먹는 가격이었다. 결과적으로 후추는 금이나 은보다 비쌌다. 그러니 콜럼버스가 후추를 위해 인도 항해를 꿈꾸었던 것은 그리 놀라운 일은 아니었다.

콜럼버스는 인도에서 후추를 비롯한 향신료를 가져와 부를 축적하고자 했다. 이를 위해 처음에는 포르투갈 국왕 주앙 2세 John II를 방문했다. 당시 포르투갈의 엔히크Henrique 왕자는 후추나 정향 등 향신료 교역의 필요성을 강조했다. 그는 이슬람 제국을 피해 인도로 가기 위해서는 바닷길을 이용할 수밖에 없다고 생각했다.

그래서 이슬람의 삼각돛을 활용해 카라벨선을 제조했다. 중국의 나침반을 사용하면서 항해술도 발전시켰다. 그 결과, 포르투갈은 모로코 서쪽에 위치한 마데이라제도를 식민화했고, 아프리카 서부 해안 지역의 보자도르 곶까지 진출했다. 이런 상황이었기 때문에 주앙 2세에게 콜럼버스의 제안은 그다지 매력적이지 않았다. 이미 포르투갈은 인도로 가는 항해를 하고 있었기 때문이다.

콜럼버스는 스페인으로 건너갔다. 카스티야-레온 왕국과 아라곤의 통합 왕국은 1492년에 드디어 레콩키스타를 완료했다. 새로운 국가를 부유하고 강력하게 만들기 위해 이사벨 1세는 많은 고민을 했다. 그녀는 인도 항해를 통해 후추를 비롯한 값비싼 향신료를 가져오면 국가의 부를 증대될 것이라고 판단했다. 그래서 콜럼버스의 항해를 후원하기로 결정했다.

그런데 당시 콜럼버스의 조건은 매우 파격적이었다. 그는 귀족의 칭호와 제독 계급을 요구했고, 새로운 식민지에서 얻은 수

그림 25. 엠마누엘 로이체Emanuel Gottlieb Leutze, <여왕 앞의 콜럼버스>, 1843년 作. 로이체는 독일계 미국화가로서 독일에서 빌헬름 폰 카울바흐Wilhelm von Kaulbach의 작품에 대해 공부하면서 <여왕 앞의 콜럼버스>를 그렸다. 그는 이 그림 외에도 콜럼버스와 관련된 또 다른 작품을 그리기도 했다. <여왕 앞의 콜럼버스>는 인도 항해에 대한 자신의 계획을 이사벨 1세Isabel I세에게 설명하는 콜럼버스Columbus의 모습을 묘사한 그림이다.

입의 10%를 요구했다. 이사벨 1세는 그의 모든 요구를 들어주었다. 그리고 1492년 8월 3일, 콜럼버스의 항해가 시작되었다.

항해 동안 콜럼버스는 항해 일지를 꼼꼼하게 작성했다. 그리고 항해에서 돌아온 후 이사벨 1세와 페르난도 2세에게 항해 일지를 바쳤다. 그의 항해 일지에 따르면 첫날에는 다음과 같이 기록되어 있다.

그림 26. 외젠 들라크루아Eugène Delacroix, <콜럼버스의 귀환 : 페르난도 왕과 이사벨 여왕 앞의 청중들>, 1839년 作. 들라크루아는 19세기 대표적인 낭만주의 화가로서 많은 역사화를 그렸다. 많은 여행을 통해 빛과 색채에 대해 고민했고, 이는 물감을 두껍게 칠하는 임파스토 기법이나 새로운 색채 시도 등 후기 인상주의에 많은 영향을 미쳤다. <콜럼버스의 귀환>은 첫 번째 항해에서 돌아온 콜럼버스Columbus가 자신의 항해를 후원해준 이사벨 1세Isabel I에게 진귀한 물건을 바치는 모습을 그린 것이다.

1492년 8월 3일 금요일 8시. 살테스 강어귀에서 모래톱을 가로질러 항해를 시작했다. 바다에서 불어오는 풍향이 자주 바뀌는 강한 바람을 타고 해질 무렵까지 48마일을 항해한 후 카나리 제도 쪽으로 항로를 잡고 남서쪽과 남미 서쪽으로 항해했다.

콜럼버스는 산타 마리아 호, 핀타 호, 그리고 니나 호를 이끌고 대서양을 가로질러 항해했다. 당시 대서양은 미지의 바다였

명화로 읽는 여왕의 세계사

다. 지구의 둘레를 잘못 계산했던 그는 바람만 적당히 분다면 며칠 만에 인도에 닿을 것이라고 믿었다.

하지만 10월이 될 때까지 육지는 도무지 보이지 않았다. 항해를 시작한 지 두 달이 넘어서야 가까스로 육지가 보였고, 그는 자신이 드디어 인도에 도착했다고 생각했다. 그래서 그 지역의 원주민을 '인디언'이라고 불렀다. 그러나 콜럼버스가 도착한 지역은 오늘날 쿠바 동북쪽 카리브해에 위치한 바하마였고, 그가 만났던 사람들은 아메리카 원주민 아라와크 족이었다.

콜럼버스는 이사벨 1세에게 보낸 편지에서 거짓말을 했다. 자신이 도착한 지역에 향신료가 많고, 금광을 비롯한 광산이 많다는 것이다. 실제로 그는 후추를 비롯한 향신료를 찾지 못했다. 대신 금장식을 한 원주민을 만났는데, 그로부터 섬의 서쪽에 금이 가득 찬 황금 항아리를 가진 왕이 있다는 이야기를 들었다고 기록했다.

첫 항해에서 수집한 진귀한 것을 가지고 콜럼버스는 화려하게 귀환했다. 이사벨 1세는 그에게 모험담을 이야기하도록 했고, 많은 귀족들은 그에게 존경심을 표했다. 콜럼버스가 누릴 수 있는 최고의 순간이었다.

오늘날 개인이 돈을 모아 창업하는 사람이나 기업에 필요한 자금을 대고, 그 대가로 주식을 받는 투자 형태가 있다. 일반적으로 여러 사람이 공동으로 투자한다. 투자한 후 기업 가치가 오르면 코스닥에 상장하거나 대기업에 합병될 때 지분을 매각해서 투자 이익을 회수한다. 창업하는 사람들의 입장에서는 마치 천사와 같은 투자라고 해서 '엔젤투자'라고 부른다.

이사벨 1세는 역사 속 최초의 엔젤투자자였다. 포르투갈의 주앙 2세에게 거절당하고, 프랑스에서도 문전박대 당했던 콜럼버스에게 항해 자금을 대 주었기 때문이다. 많은 역사학자들은 콜럼버스의 유려한 말이나 글이 이사벨 1세를 설득하는데 큰 도움이 되었을 것이라고 추정한다.

이사벨 1세는 레콩키스타를 완료한 후 신생국가로서 국가의 부와 힘을 확대시키기 위해 무엇이 필요한지 늘 고민하고 있었다. 따라서 그녀는 인도 항해가 가장 좋은 해결책이라고 믿었다. 비록 콜럼버스가 도착한 곳은 인도가 아니었고, 이후 3차례에 걸친 항해도 결과적으로는 실패했다. 하지만 스페인을 강력한 국가로 만들기 위한 여왕의 의지는 인류 역사 속에서 새로운 탐험을 가능하게 했다.

3. 종교재판소와 반反유대주의

지금 전 세계는 코로나바이러스감염증-19(이하 코로나 19)로 난리이다. 2019년 11월에 중국에서 처음 발생해서 전 세계로 확산되어 팬데믹으로 선포되었다. 전 세계적으로 확진자가

1억 7천 만 명 이상(2021년 6월 6일 기준)이며, 사망자는 370만 명 이상이다. 우리나라에서 확진자 수는 14만 명 정도이고, 사망자는 1,900명 이상으로 집계되었다. 한때 하루 확진자 수가 1,000명 이상이어서 엄격한 사회적 거리두기를 계속 시행하고 있다.

이 가운데 우리나라 코로나 확진자의 70% 이상이 한 교회를 통해 감염되었다는 충격적인 사실이 밝혀졌다. 2020년 3월 3일, 대구의 한 교회에서 전체 확진자 4,812명 가운데 3천 명이 발생했다.

바로 신천지 대구교회이다. 교회를 방문한 신도들 가운데 연락이 두절된 사람들이 있어 코로나 19 확산을 예방하는데 많은 어려움이 있었다. 이로 인해 신천지를 비판하는 여론이 고조되었다. 그리고 신천지의 과도한 포교활동이 방영되면서 '이단異端'이라는 이미지가 널리 확산되었다.

신천지는 '신천지예수교 증거장막성전新天地耶蘇教 證據帳幕聖殿'의 줄임말로서 1984년 3월 14일에 현 총회장인 이만희가 창시한 사이비 종교이다. '신천지'는 <요한계시록> 21장 1절에서 따왔으며, '예수교'는 신천지 교주가 예수라는 의미를 담고 있다. '증거장막성전'은 <요한계시록> 15장 5절에서 따온 것으로 알려져 있다.

자체 성경 교육기관에서 교육을 받고 수료시험에 합격해야만 입교가 가능하다. 중국 대련 시에서 처음으로 사교 및 불법 단체로 규정하여 포교를 전면 금지했고, 기독교 주요 교단 이단대책위원회에서도 신천지를 이단으로 규정했다.

이단이란 기존 종교의 정통에서 벗어난 교리나 주장 등을 의미한다. 주로 기독교에서 많이 사용되지만, 원래는 유교에서 사용하는 용어였다. '사문난적斯文亂賊'이라는 용어로도 사용되었는데, '유교를 어지럽히는 적'이라는 뜻이다. 보다 정확하게 말하자면, 주자朱子의 해석을 벗어난 학설을 주장하는 사람을 비방할 때 사용했다.

특히 정적으로 제거하는데 주로 이용되었는데, 대표적인 사례로 숙종肅宗 때 송시열宋時烈의 정적이었던 윤휴尹鑴를 들 수 있다. 그는 주자의 해석을 둘러싸고 송시열과 여러 차례 논쟁을 벌였는데, 결국 송시열에 의해 사문난적으로 몰렸다.

유럽에서도 오랫동안 이단이 존재했다. 가톨릭교회에서는 로마 교회와의 친분 여부를 통해 정통과 이단을 구분했다. 이 때문에 고대 시대부터 이단으로 몰리면 교황을 찾아가 보호를 요청하는 경우가 빈번했다. 하지만 오히려 이단으로 확정되는 경우도 많았다.

일부 사람들은 성경을 자유롭게 해석할 수 있다고 강조하면서 이단의 가능성을 제기하기도 했다. 그러나 이단으로 규정되는 이유는 해석의 자유를 중시하는 소수이기 때문이 아니라 정

명화로 읽는 여왕의 세계사

그림 27. 프란시스코 고야Francisco José de Goya, <심문 재판소>, 1812-19년 作. 스페인의 낭만파 화가 고야는 궁정화가로서 왕족과 귀족의 초상화를 그리면서 유명해졌다. 초기에는 화려하고 밝은 화풍의 그림을 그렸지만, 콜레라로 청각을 잃으면서 침체기에 빠졌다. 이후 어두운 색조와 무거운 주제의 그림을 주로 그렸다. 우리에게는 기괴하고 섬뜩한 주제의 그림들로 잘 알려져 있다. <심문 재판소>는 스페인 종교재판소에서 열린 판결을 그린 것으로서 4명의 피고인은 뾰족한 고깔모자를 쓰고 산 베니토san-benito를 입고 있다. 산 베니토는 스페인 종교재판소에서 회개한 이교도에게 입힌 붉은 십자가가 그려진 노란색 옷을 의미한다. 비록 배경은 밝게 묘사되었지만, 종교재판소의 어둡고 무거운 분위기를 잘 보여주고 있다.

통 교리를 벗어나 극단적인 해석을 하기 때문이다.

중세는 교회가 지배했던 시대였다. 따라서 교회의 강력한 권위를 지키기 위해 다른 교리를 전파하는 사람들을 회개시키거나 처벌하기 위한 수단이 필요했다. 이를 위해 설립된 것이 바로 종교재판소이다.

이 시기 종교재판소의 가장 중요한 목적은 바로 이단을 가려내는 것이었다. 물론 <디도서> 제 3장 10절에는 "이단에 속한 사람을 한두 번 훈계한 후에 멀리하라"는 구절이 있다. 그러나 종교재판소는 이에 따르지 않았다. 이단으로 의심되는 사람들을 변호인이나 증인도 없이 무자비하게 고문했기 때문이다.

이 시기의 대표적인 종교재판소로는 스페인의 종교재판소를 들 수 있다. 그리고 놀랍게도 종교재판소를 설치한 사람은 바로 이사벨 1세였다. 8세기 초, 이베리아 반도에 이슬람 왕국이 설립되면서 다양한 종교와 문화가 공존했다. 오랫동안 가톨릭교도들은 이슬람교도나 유대인들과 함께 살았다.

그러나 레콩키스타 이후 단일한 종교를 강조하는 가톨릭교도들은 이슬람교도와 유대인을 추방했다. 7백 년 이상 공존했기에 사실상 많은 사람들에게 이슬람과 유대 종교 및 문화가 널리 확산되었다. 그러나 추방되지 않기 위해 사람들은 이러한 사실을 숨겨야만 했다.

이사벨 1세는 종교 통합을 매우 중요하게 생각했다. 그녀는 종교 통합을 통해 인종적 순수성을 유지할 수 있다고 생각했다. 그리고 이를 위해 종교재판소를 적극적으로 활용했다.

종교재판소의 기원은 12세기로 거슬러 올라간다. 이단이 증기하자 종교 통합을 위해 종교재판소를 설립한 것이다. 종교재판소에서는 이단으로 지목된 사람을 심문했다. 이때 이단으로 지목된 사람은 자신의 이단 행위를 고백해야만 했다. 만약 고백하지 않으면 끔찍한 고문을 받게 되었다. 고문에도 이단 행위를 고백하지 않으면 결국 화형에 처해졌다.

　이단 및 이교도를 잔혹하게 처단할 수 있는 종교재판소는 이사벨 1세에게 매우 적절한 수단이었다. 이사벨 1세는 교황 식스투스 4세Sixtus IV에게 위장 개종자를 심판할 수 있는 종교재판소 설치를 요청했다. 처음에 교황은 독자적인 교황권 침해라는 이유로 거절했다. 그러나 오스만 제국의 위협이 심각해지면서 1478년에 스페인의 독자적인 종교재판소가 설립되었다.

　1481년 2월에 스페인 남서부에 위치한 세비야에서 첫 판결이 시행되었다. 당시 6명이 화형에 처해졌다. 이후 종교재판은 세비야 이외에 다른 지역으로까지 확산되어 모두 8개 도시에서 개최되었다. 도미니크 수도회 사제들이 주관했던 종교재판소에서는 이단자와 개종자들을 잔혹하게 탄압했다. 역사학자들에 따르면, 당시 종교재판에 이단으로 기소된 사람은 약 15만 명 정도였고, 실제로 처형된 사람의 수는 2천 명에 달한다.

　종교재판의 주된 희생양은 유대인이었다. 14세기까지 이베리아 반도는 다양한 인종이 모여 있던 다문화사회였다. 이 지역을 지배했던 이슬람교도들은 가톨릭이나 유대교 등 다른 종교에 상당히 관대했다. 9.11 테러 이후 많은 사람들이 이슬람교도들을 테러리스트와 동일시하고 있지만, 원래 이슬람교는 관용을 베푸는 종교였다.

　당시 우마이야 왕조는 정복지 주민들에게 이슬람교를 강요하지 않았다. 대신 지즈야ⱼᵢzyₐₕ라는 인두세만 납부하면 자치권을 인정했다. 이는 개종한 이민족에게도 적용되었다. 이후 압바스 왕조는 개종한 이슬람교도들에게는 지즈야를 면제해주었다. 신 앞에서 모든 사람이 평등하다는 원칙을 지키기 위한 것이었다. 따라서 이 시기에 이베리아 반도에는 이슬람교와 가톨릭, 그리고 유대교가 상당히 평화롭게 공존하고 있었다.

역사학자들에 따르면, 유대인이 이베리아 반도에 정착한 것은 2세기 이후이다. 유대인들을 개종시키거나 추방하고, 그들의 재산을 몰수하는 법이 제정되면서 이 지역에서도 유대인은 많은 비난과 박해를 받았다. 그래서 많은 유대인은 8세기 초에 이슬람 왕국의 성립을 환영하는 분위기였다. 이슬람교도들은 개종을 강요하지 않았고, 차별이나 억압을 받지 않고 살 수 있다고 생각했기 때문이다.

이슬람법에 따라 유대인은 가톨릭교도들과 동일한 사회적 지위를 부여받았다. 사회적으로도 중요한 역할을 담당했다. 유대인들은 왕이나 귀족의 재정을 관리하거나 외교관으로 활약했다. 유대인 학자나 철학자들이 <성경>이나 <꾸란>, <탈무드>를 번역하면서 문화적 황금시대가 펼쳐졌고, 과학과 수학 연구도 활발하게 이루어졌다. 이들은 가톨릭교도 통치자보다 이슬람교도 통치자들 아래에서 더 나은 대우를 받았다.

그러나 유대인들의 뛰어난 능력이나 업적에도 불구하고, 이

명화로 읽는 여왕의 세계사

그림 28. 작자, 연대 미상, <유대인과 무슬림의 체스 놀이>. 이 그림은 13세기 알 안달루스 지방에서 유대인과 무슬림의 체스 놀이를 그린 것이다. 그림을 통해 이베리아 반도 내에서 이슬람 문화와 유대인 문화가 공존하고 있었음을 알 수 있다.

베리아 반도 내 반유대주의는 점차 확산되었다. 14세기 중반에 유럽을 휩쓸었던 흑사병으로 유럽 인구의 1/3 이상이 사망했다. 당시 많은 사람들은 유대인을 희생양으로 삼았다. 이는 비단 이베리아 반도뿐만 아니라 유럽 전역에서 흔하게 발생했던 현상이었다.

치명적인 유행성 전염병으로 공포에 질린 사람들은 유대인의 거주지를 방화하고, 유대인을 살해했다. 더 나아가 유대인들에게 개종을 강요했다. 당시 카스티야-레온 왕국 내 유대인들도 가톨릭으로 개종하거나 이베리아 반도를 떠나야만 했다.

이러한 사회적 분위기를 잘 보여주는 것이 바로 1391년 6월에 발생했던 포그롬이다. 포그롬pogrom은 유대인에 대한 조직적

그림 29. 오귀스트 미게트Auguste Migette, <제 1차 십자군 전쟁 시기 메츠의 유대인 학살>, 19세기. 프랑스 화가 미게트는 주로 고향인 메츠와 관련된 그림을 많이 그렸다. 1095년 6~7월에 당시 독일령 이었던 라인란트에 거주하고 있던 유대인들은 기독교인들로부터 공격을 받았다. 이때 십자군에 참전한 프랑스인들이 식량과 돈이 떨어지자 유대인 거주지역을 습격해 재물과 식량을 약탈했고, 유대 인들을 강제로 개종했다. 이 그림은 당시 발생했던 끔찍한 유대인 학살을 보여주고 있다.

인 약탈 및 학살을 의미한다. 역사학자들에 따르면, 당시 세비 야에서는 4천 명 이상의 유대인들이 학살되었고, 코르도바에서 는 2천 명 이상의 유대인 시체가 불태워졌다. 유대인 회당인 시 나고그는 모두 파괴되었다. 바르셀로나에서는 가족이 학살당 하는 모습을 목격한 유대인들이 스스로 목숨을 끊기도 했다.

끔찍한 포그롬 이후 개종하는 유대인의 수가 급증했다. 이와 더불어 지금까지 유대인이 가지고 있었던 직업 역시 버리기 시

명화로 읽는 여왕의 세계사

작했다. 유대인의 정체성을 스스로 포기하는 것만이 목숨을 구하는 유일한 방법이었다.

그러나 이사벨 1세는 개종하거나 직업을 버리는 것만으로 만족스럽지 않았다. 그녀는 종교재판소의 고문을 통해 거짓으로 개종한 사람들을 발견하고, 이들을 화형에 처했다. 뿐만 아니라 개종하지 않은 유대인을 국외로 추방했다.

후일 많은 역사학자들은 유대인 추방이야말로 이사벨 1세의 가장 큰 실수였다고 지적한다. 이사벨 1세에게 레콩키스타의 완성은 가톨릭을 통한 종교 통합이었다. 이를 토대로 정통 신앙을 세우고, 순수한 인종을 유지할 수 있을 것이라고 생각했던 것이다. 여기에 필요한 희생양은 유대인이었다.

15세기 말, 스페인 도시 전체 인구의 약 1/3이 유대인이었다. 이들이 추방된 후 세비야의 집값은 폭락했고, 바르셀로나 은행들은 파산했다. 그야말로 스페인 경제가 휘청거렸다. 더 큰 문제는 바로 유대인들이 포기했던 직업이었다. 기록에 따르면, 당시 스페인 내 대부분의 의사들은 유대인들이었다. 세금 징수인도, 주된 납세자도 유대인이었다. 이들이 사라지자 스페인 왕실 재정은 파탄에 직면했다. 유대인 추방이 스페인 경제에 치명적인 영향을 미친 것이다.

<삼국지>에는 '수인사대천명修人事待天命'이라는 말이 등장한다. 삼국시대에 유비劉備는 적벽에서 위魏와 전투를 벌였다. 촉蜀의

명장 관우關羽는 제갈량諸葛亮으로부터 조조曹操를 암살하라는 명을 받았다. 하지만 과거에 그로부터 신세 진 일이 있어 차마 암살할 수 없었다. 결국 조조를 달아나게 해 주었다.

제갈량은 관우를 처형하려 했다. 하지만 유비劉備의 간청으로 그를 살려주었다. 그러면서 "조조가 아직 죽을 운명이 아니니 내가 할 수 있는 방법을 모두 쓴다 하더라도 그 목숨은 하늘의 뜻에 달려 있다. 그저 하늘의 명을 따를 뿐이다修人事待天命"고 말했다.

인간으로서 해야 할 일을 다 하고, 하늘의 명을 기다린다는 '진인사대천명盡人事待天命'은 바로 여기에서 유래된 것이다. 이사벨 1세는 불우한 어린 시절을 보냈지만, 자신의 운명을 스스로 개척했다. 어쩌면 '진인사대천명'이라는 말에 가장 부합하는 여왕일지도 모른다. 가장 힘들었던 시절에 종교를 굳게 믿고 따랐던 그녀는 결국 레콩키스타를 완성했고, 스페인 왕국을 수립했다. 이러한 점에서 유럽의 다른 어떤 여왕들보다 강력한 정치력을 행사했던 여왕이라고 할 수 있다.

그러나 어려울 때 의지했던 종교는 그녀에게 또 다른 독이 되고 말았다. 지나친 가톨릭 중심주의는 결국 종교재판소를 통한 고문과 박해, 그리고 수많은 유대인의 처형을 초래했다. 더 나아가 강제 개종과 추방이라는 극단적인 선택을 하게 되면서 스페인은 반유대주의의 부정적인 효과가 가장 심각했다. 정치적으로 강력하고, 국토의 재통일을 이룩했던 이사벨 1세의 업적은 높이 평가되어야 하지만, 유대인 탄압이라는 부정적인 업적은 보다 엄격하게 평가되어야 할 것이다.

V

러시아의 최전성기,
예카테리나 2세

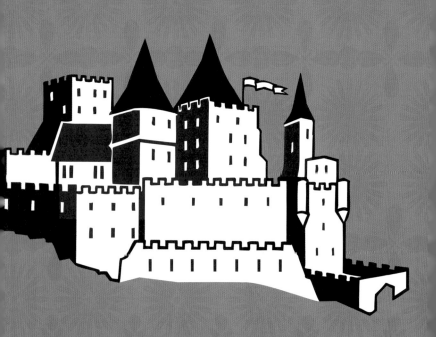

러시아의 최전성기, 예카테리나 2세

1. 표트르 1세의 개혁과 브란덴부르크가의 기적

러시아의 유명한 말 중 "우리는 러시아인이 아니라 표트르인 이라고 해야 한다. 러시아는 표트르의 땅Petrovia이다"라는 말이 있다. 이 말은 19세기 러시아 재무대신 칸크린E. F. Kankrin 백작이 한 말이다. 이 말을 통해 우리는 표트르 1세Peter I가 러시아 역사에서 얼마나 중요한 역할을 담당했는지 짐작해볼 수 있다.

표트르 1세가 차르로 즉위했을 때 러시아는 정치적으로 불안 정했다. 부친 알렉세이Aleksei는 많은 자녀를 낳았지만, 살아남은 자녀는 표트르와 누 명의 아들뿐이었다. 부친이 사망하자 허약 한 이복형 표도르 3세Fyodor III가 즉위했다. 또 다른 이복형 이반 Ivan은 심각한 정신적 장애를 가지고 있었다. 결국 차르가 될 수 있는 사람은 표트르뿐이었다.

명화로 읽는 여왕의 세계사

하지만 이복누나 소피아 알렉세예프나_{Sophia Alekseyevna}가 스트릴치를 동원해 쿠데타를 일으켰다. 스트릴치는 16세기~18세기까지 존재했던 러시아 부대이다. 러시아어로 화살을 '스트렐라_{streala}'라고 부르기에 이들은 사격수를 뜻한다.

스트릴치는 이반 뇌제로 잘 알려진 이반 4세_{Ivan IV}가 처음 창설했다. 이는 러시아 최초의 상비군이었다. 흔히 친위대로 알려져 있지만, 스트렐치 가운데 근위대가 있었을 뿐 그 자체가 친위대는 아니었다.

스트렐치는 촌락민이나 상인들로 구성되었다. 크게 모스크바에 주둔하는 부대와 지방에 주둔하는 시립 부대로 구분될 수 있다. 모스크바에 주둔하는 스트렐치는 평소에는 생업에 종사하다가 전시에 임무를 수행했다. 기본적으로는 왕궁 수비를 맡았고, 전쟁터에서는 지휘관을 호위했다.

모스크바 치안 및 소방 업무도 담당했다. 이후 점차 특권집단으로 변화했는데, 17세기 말, 그 수는 약 5만 5천 명에 달했다. 이들은 무장 사회 지배세력으로서 차르의 권력을 위협하는 위치에 오르게 되었고, 여러 쿠데타에 영향을 미쳤다.

쿠데타를 일으킨 소피아는 이반과 표트르를 공동 차르로 임명하고, 자신이 섭정을 맡았다. 결국 러시아의 모든 권력은 소피아의 수중으로 들어갔다. 표트르의 어머니 나탈리아 키릴로브나 나리쉬키나_{Natalya Kirillovna Naryshkina}는 소피아의 눈을 피해 표트르를 시골 마을로 보냈다. 그 마을은 러시아로 일하러 온 유럽 전역의 상인들과 기술자들의 정착촌이 가까웠다. 이들과 가까이 지내면서 표트르는 새로운 기술에 관심을 가지게 되었다. 당시 그가 관심을 가지고 있던 기술은 항해술과 조선술 등이었다.

그는 전쟁놀이에도 심취해 있었는데, 이는 단순한 병정놀이 수준이 아니었다. 성채를 짓고 포를 발사했다. 심각한 경우에는 부상자나 사망자가 발생하기도 했다. 이러한 놀이를 통해 표트르는 서구식 군대 전술과 포술에 흥미를 느꼈다. 소피아는 그가 정치보다는 병정놀이에 빠져 있는 것이 낫다고 생각해서 원하는 대로 지원해주라고 명령했다.

17세기 초부터 러시아는 극동 지역으로 세력을 확장시키려 했다. 이 시기에 중국을 지배했던 왕조는 명明과 청淸이었다. 러시아는 흑룡강 일대를 점령하고자 했지만, 청의 4대 황제 강희제康熙帝는 네르친스크를 공격해서 되찾고 다시 흑룡강 북부를 공격했다. 그리고 러시아의 본거지인 알바진을 점령했다. 결국 러시아는 청에 사신을 보내 강화를 요청할 수밖에 없었다. 1689년 8월, 청과 러시아는 네르친스크 조약Treaty of Nerchinsk을 체결했다. 이 조약을 통해 흑룡강 유역이 중국 영토임을 재확인했다. 결국 소피아의 전쟁이 실패한 것이다.

그림 30. 일리야 레핀Ilya Yefimovich Repin, <소피아 알렉세예프나 황녀>, 1879년 作. 19
세기 러시아 사실주의 화가 레핀은 러시아 사회를 통찰력 있게 묘사한 작품들을 주
로 그렸다. <소피아 알렉세예프나 황녀>는 차르 표트르 1세Peter I에게 반기를 들었
다가 수녀원에 유폐된 소피아Sophia Alekseyevna의 허망함과 분노, 복수심에 가득 찬 모
습을 묘사했다. 권력무상의 허망함을 잘 보여주는 그림이다.

그림 31. 피에르 데니스 마틴Pierre-Denis Martin, <폴타바 전투>, 1726년 作. 프랑스 화가 마틴은 역사적 주제, 그중에서는 전투나 사냥 등에 관심이 많아 이와 관련된 그림을 많이 그렸다. <폴타바 전투>는 발트해 패권을 둘러싸고 1700년부터 시작된 러시아와 스웨덴의 전쟁 중 러시아의 승리를 확실하게 했던 1709년의 폴타바 전투를 그린 것이다.

전쟁에서 실패하자 소피아에 대한 러시아 내 여론은 크게 악화되었다. 이를 무마하기 위해 1689년에 소피아는 다시 쿠데타를 일으켰다. 하지만 이번에는 달랐다. 서유럽 출신 용병대장이 이끄는 용병대가 표트르의 편을 들었기 때문이다. 결국 소피아는 수녀원에 유폐되었고, 공동 차르였던 이반은 곧 병으로 사망했다.

차르가 된 표트르 1세는 가장 먼저 활발한 영토 팽창 정책을 펼쳤다. 그가 관심을 가진 지역은 발트해였다. 이 지역에는 11세기 이후 그리스나 로마 문화를 공유하는 국가들이 수립되었다.

명화로 읽는 여왕의 세계사

지리적으로 멀리 떨어져 있다 보니 로마화나 기독교화 과정에 상당히 오랜 시간이 걸렸다. 하지만 중세 시대에 신성 로마제국의 자유 도시들이 스칸디나비아의 목재나 동유럽의 곡물, 모피 등을 판매하면서 지중해 무역만큼 경제적으로 중요해졌다. 당시 발트해 연안의 패권을 장악하고 있던 것은 스웨덴이었다.

표트르 1세는 발트 해 연안을 차지하기 위해 스웨덴과 무려 21년간 전쟁을 벌였다. 초기 나르바 전투에서는 스웨덴 칼 12세_{Charles XII}가 승리했다. 그러나 표트르 1세는 상트페테르부르크에서 해군을 증강하고 군사력을 재정비해서 폴타바 전투에서 크게 승리했다. 패배한 칼 12세는 오스만 제국으로 망명했고, 당시 아흐메드 3세_{Ahmed III}는 이 기회를 통해 러시아에 빼앗긴 영토를 되찾고자 했다.

하지만 오스만 제국 내 정치적 상황으로 칼 12세는 스웨덴을 복귀할 수밖에 없었다. 결국 러시아는 에스토니아와 핀란드를 점령했다. 그리고 칼 12세의 사망으로 스웨덴군은 전쟁을 포기했다. 러시아는 핀란드를 돌려주는 대신 발트해 영토 대부분을 차지하면서 동유럽의 강대국으로 부상했다.

표트르 1세는 전쟁에서 승리하여 광활한 영토를 얻었다. 이후 새로운 개혁 정치를 통해 러시아의 근대화를 추구했다. 이는 서유럽 사절단으로부터 시작되었다. 이미 17세기 말, 표트르 1세는 오스만 제국을 견제하기 위해 대규모의 사절단을 파견했

그림 32. 장 마크 나티에Jean-Marc Nattier, <표트르 1세의 초상화>, 1717년 경 作. 프랑스 역사화가 나티에는 초상화를 주로 그렸는데, 대상을 그리스-로마 신화의 신처럼 그리는 것으로 유명했다. 이 그림은 러시아 차르 표트르 1세Peter I를 그린 초상화이다.

명화로 읽는 여왕의 세계사

다. 여기에는 젊은 귀족들도 포함되어 있었는데, 목적은 분명했다. 서유럽의 기술 및 사회정책을 배우는 것이었다. 심지어 자신도 신분을 숨기고 합류했다.

이들은 프로이센에서 대포 조작 기술을 배웠고, 네덜란드 조선소에서는 배를 직접 만들어보기도 했다. 천문대를 방문해 뉴턴_{Isaac Newton}의 연구에 대해 들었고, 해군 체험도 했다. 수학이나 기하학, 의학 등의 수업을 수강하기도 했다. 사절단 경험을 통해 표트르 1세는 러시아의 지식과 문화를 서유럽 수준으로 끌어올려야 한다고 생각했다.

차르가 된 표트르 1세는 제일 먼저 귀족회의인 두마_{Duma}를 폐지했다. 두마는 러시아의 의회 체제를 의미하는 것으로서 '생각하다'라는 뜻을 가진 러시아어 동사 '두마티_{думать}'에서 유래된 것이다. 그 기원은 중세로까지 거슬러 올라간다.

키예프 공국을 비롯해 러시아의 여러 공국들은 그리스 민회와 유사한 방식으로 의사를 결정했다. 즉, 중요한 일이 생기면 시민들이 광장이나 시장에 모여 함께 논의했다. 다수결 제도가 아닌 만장일치 제도를 택했기 때문에 합의를 끌어내기 위해 끝없이 토론했고, 합의를 이루지 못한 경우에는 결투를 하기도 했다.

두마를 폐지한 표트르 1세는 대신 14 관등제를 만들었다. 니콜라이 고골_{Nikolai Vasil'evich Gogol}은 러시아의 대표적인 극작가이자 소설가이다. 그의 작품에는 <외투>라는 소설이 있다. 이 소설의 주인공은 새 외투를 장만했다가 결국 강도에게 빼앗기고 절망해서 죽고 만다. 이후 유령이 되어 자신을 비난한 관리의 외투를 빼앗고 사라진다.

주인공 아카키 아카키예비치Akaki Akakievich는 9등 관리지만, 더 이상 승진할 수 없다. 9등급 이상의 관리는 귀족들만 임명될 수 있었기 때문이다. 당시 관리의 관등은 신분에 따라 결정되는 경우가 많았다. 이러한 점에서 본다면 14 관등제는 우리나라 골품제와 상당히 유사했다.

스웨덴과의 전쟁에서 승리한 표트르 1세는 새로운 수도를 건설하기로 했다. 이 수도는 발트해 연안에 건설되었다. 네바강 하구 삼각주의 섬에 요새를 짓고, 도시를 '성 베드로의 도시'라는 뜻을 가진 '상트페테르부르크'라고 불렀다. 1712년에 도시가 완성되어 러시아의 새로운 수도가 되었다.

상트페테르부르크는 늪지대 위에 만든 도시였기에 공사가 그리 쉽지 않았다. 기록에 따르면, 강제노동으로 끌려온 사람들은 매년 3만 명 이상이었고, 결핵이나 폐렴 등으로 수많은 사람들이 사망했다. 그래서 일부 역사학자들은 상트페테르부르크를 '뼈 위에 세운 도시'라고 부르기도 한다.

표트르 1세는 활발한 정복전쟁을 통해 영토를 확장하고, 정치 개혁을 단행하고, 새로운 수도로 이전했다. 이를 통해 러시

명화로 읽는 여왕의 세계사

아를 다른 어느 국가보다 강력하게 만들고자 했다. 그래서 역사학자들은 그를 서구 문물을 적극적으로 수용해 러시아를 개혁한 군주로 평가하고 있다. 그가 미친 영향은 오늘날 러시아 사회에서도 쉽게 발견할 수 있다. 감자나 커피, 담배 등은 모두 표트르 1세가 유럽을 여행하면서 러시아로 가져온 것이다.

무엇보다도 중요한 것은 그가 바다를 지배할 필요성을 절실하게 느꼈다는 것이다. 18세기 초에 이미 조선소를 건설하고, 수많은 함선을 건조했다. 아드미랄티 조선소는 러시아에서 가장 오래된 조선소인데, 지금까지도 선박을 건조하고 있다.

그래서 러시아 역사 연구자들은 고대나 중세, 근대라는 용어를 사용하기보다 표트르 이전과 이후라고 구분한다. 표트르 1세를 기점으로 러시아가 완전히 달라졌기 때문이다. 이러한 점에서 본다면, 칸크린 백작의 말이 맞다는 것을 알 수 있다.

러시아를 강력하게 만들고자 했던 표트르 1세는 후계자를 지명하지 않고 사망했다. 표트르 1세의 딸 엘리자베타 페트로브나Elizaveta Petrovna는 조카나 먼 친척이 차르가 되는 것을 지켜보았다. 그러다가 태어난 지 얼마 되지 않은 이반 6세Ivan VI가 차르에 오르자 그녀는 근위병과 함께 쿠데타를 일으켰다. 차르는 폐위되었고, 엘리자베타는 여제가 되었다.

그녀는 부모의 통치이념을 계승해서 러시아를 개혁할 것이라는 성명서를 발표했다. 그리고 정치적 혼란을 잠재우기 위해 바로 후계자를 지명했다. 엘리자베타에게는 자녀가 없었기에 독일에 있는 조카 표트르 울리히Karl Peter Ulrich를 후계자로 지명했다. 바로 표트르 3세Peter III이다. 그런데 표트르 3세는 지능이 낮았고, 러시아에 잘 적응하지 못했다. 그런 그가 러시아 차르로 즉위할 수 있었던 것은 오직 혈통 때문이었다.

1744년에 표트르 3세는 독일 안할트-체르프스트 가문의 딸과 결혼했다. 그 여성은 러시아로 와서 예카테리나Ekaterina로 개명했다. 그녀가 표트르 3세와 결혼할 수 있었던 것은 같은 독일 출신이었기 때문이다.

사실, 표트르 3세가 정신질환을 가지고 있다 보니 엘리자베타는 늘 예카테리나를 의심하고 불신했다. 실제로 일부 장군들이 예카테리나에게 충성한다는 편지를 보냈다가 장군들은 처형되고, 예카테리나는 수녀원에 유배된 적도 있다. 가까스로 폐비가 되지는 않지만, 이 사건은 당시 엘리자베타가 예카테리나를 얼마나 경계하고 있었는지 잘 보여주는 사건이다.

엘리자베타가 사망하면서 로마노프 왕조는 단절되었다. 그런데 뒤를 이어 차르로 즉위한 표트르 3세 때문에 러시아는 7년 전쟁에서 거의 승리 직전에 패배하고 말았다. 그야말로 어이없는 일이 아닐 수 없다.

7년 전쟁은 1756년~1763년까지 발발했던 전쟁이다. 오스트리아와 프로이센, 영국, 프랑스, 스웨덴, 스페인 그리고 러시아

명화로 읽는 여왕의 세계사

까지 참여했다. 유럽에서만 발생했던 전쟁은 아니었다. 아메리카에서는 '프랑스-인디언 전쟁'이라고 불렸는데, 영국과 프랑스가 아메리카 원주민을 끌어들여 식민지 쟁탈전을 벌였다.

전쟁의 시작은 오스트리아 왕위 계승이었다. 프로이센에게 슐레지엔을 빼앗긴 오스트리아의 마리아 테레지아Maria Theresia가 이를 되찾고 프리드리히 2세Friedrich II에게 복수를 하기 위한 전쟁이었다. 이후 유럽 내부의 복잡한 현실이 얽히면서 세계대전 수준의 전쟁으로 확대되었다. 영국은 프로이센으로부터 왕가를 지키기 위해 러시아를 끌어들였고, 러시아를 두려워했던 프로이센은 영국과 동맹을 맺었다. 러시아는 오스트리아와 동맹을 맺었다. 영국과 프랑스도 식민지를 둘러싸고 갈등 관계였다.

이 전쟁에서 프리드리히 2세의 군대는 러시아와의 전투에서 잇달아 패배했다. 그런데 엘리자베타 여제가 사망하고 뒤를 이어 차르가 된 표트르 3세가 문제였다. 프리드리히 2세의 열렬한 숭배자였던 그는 아무런 조건 없이 전쟁 상태 이전으로의 복귀를 제안했다. 당연히 프리드리히 2세가 이 제안을 받아들이지 않을 이유가 없었다. 뿐만 아니라 표트르 3세는 스웨덴까지 설득해서 전쟁을 포기하게 만들었다. 이처럼 믿기지 않는 기적을 역사학자들은 '브란덴부르크 가의 기적'이라고 부른다.

러시아가 7년 전쟁에 참여한 것은 발트 해의 패권을 얻기 위한 것이었다. 그러나 역사학자들에 따르면, 러시아가 얻은 것은 결국 아무것도 없었다. 이 사건 이후 표트르 3세는 폐위되었고, 러시아는 더 이상 7년 전쟁에 참전하지 않았다. 표트르 3세의 제안은 전쟁에서 승리한 국가가 패전한 국가에게 이득이 되는 협상을 제안했던 인류 역사상 유례를 찾아볼 수 없는 사례라고 할 수 있다.

2. 궁정혁명과 푸가초프의 반란

'브란덴부르크 가의 기적'으로 표트르 3세는 귀족들 사이에서 엄청난 분노를 샀다. 결국 귀족들의 지지를 받고 있던 예카테리나는 쿠데타를 일으켰다. 1762년 6월이었다.

같은 독일 출신이었지만, 그녀는 표트르 3세와 달랐다. 표트르 3세가 독일어와 문화, 개신교를 고집했던 반면, 예카테리나는 러시아어와 문화를 공부하고, 러시아 정교로까지 개종했다. 이러한 그녀의 노력 덕분에 사람들 사이에서 예카테리나의 평판은 상당히 좋았다. 폐위된 표트르 3세는 감옥에서 사망했는데, 역사학자들은 그녀가 개입했을 것으로 추정하고 있다.

1762년 9월 22일, 모스크바에서 예카테리나 2세Ekaterina II의 즉위식이 시행되었다. 그녀가 가장 먼저 시행한 것은 귀족의 특권을 확대시키는 것이었다. 자신이 여제로 즉위할 수 있었던 것은 귀족들의 지지 덕분이라는 것을 분명하게 알고 있었기 때문

명화로 읽는 여왕의 세계사

그림 33. 스테파노 토렐리[Stefano Torelli], <예카테리나 2세의 대관식>, 1777년 作. 이탈리아 화가 토렐리는 러시아 궁전으로 소환되어 초상화를 그렸다. 이 그림은 러시아의 마지막 여제 예카테리나 2세[Ekaterina II]의 대관식을 그린 그림이다.

이다. 예카테리나 2세는 잦은 훈장과 포상을 통해 귀족들의 특권을 확대시켰고, 이를 통해 귀족들이 자신에게 더욱 충성하도록 만들었다.

그러나 예카테리나 2세의 친_親귀족적인 정책으로 농민들의 상황은 더욱 악화되었다. 이는 당시 러시아 사회와도 밀접한 관련성을 가지고 있다. 18세기에 러시아 농민들은 토지가 아닌 주인들에게 속박되어 있었다. 토지를 소유한 교회나 영주, 귀족들은 농노가 정치적 권한을 행사하는 것을 차단했다. 그리고 더욱 엄격한 규칙을 부과했다.

1767년에 농민이 차르나 황후에게 직접 청원하는 법이 완전히 금지되었다. 더 이상 이들은 자신의 처지를 호소할 수 없게 되었다. 그러나 귀족이나 영주들은 농민들에게 더 많은 것을 요구했고, 이는 세금 인상으로 귀결되었다. 인플레이션이 발생하면서 모든 상품 가격이 상승했다. 결국 농민들은 절망에 빠질 수밖에 없었다.

18세기 동안 빈번하게 발생했던 자연재해 역시 농민들에게 상당한 부담이었다. 작물은 제대로 자라지 않고, 치명적인 전염병으로 경제적, 사회적 불안을 초래했다. 1771년에 모스크바에서 발생했던 전염병 때문에 농민들 사이에서 끔찍한 공포가 발생했다. 이러한 사회적, 경제적, 정치적 불안 속에서 농민들은 저항했고, 폭동을 일으켰다. 기록에 따르면, 에카테리나 2세 집권 초기에 러시아에서 발생했던 폭동은 무려 40회 이상에 달한다.

이 가운데 가장 격렬했던 것은 바로 푸가초프Pugachyov의 반란이었다. 당시 러시아는 남쪽으로 영토를 확장하고, 귀족들에게 새로운 영토를 하사했다. 그래서 이 지역까지 농노제가 확대되었다. 그러자 지금까지 자신들의 토지를 유지하고, 군사 공동체를 형성한 독립 농민 집단인 카자크kazak의 불만이 발생하기 시작했다. 에카테리나 2세가 이들을 러시아 정규군으로 편성하려 하면서 긴장감은 더욱 고조되었다.

우랄 지역에 거주하고 있던 카자크들에게 투르크 왕을 따르자고 선동한 혐의로 체포되어 감옥에 갇혔던 사람이 있었다. 바

명화로 읽는 여왕의 세계사

로 에멜리안 푸가초프Emelyan Ivanovich Pugachov였다. 탈옥에 성공한 그는 카자크들에게 토지와 자유를 위해 봉기할 것을 호소했고, 자신을 '표트르 3세'라고 칭했다. 당시 많은 농민들 사이에는 표트르 3세가 사망한 것이 아니라 예카테리나 2세와 귀족들을 피해 숨어 있다는 소문이 널리 퍼져 있었다.

오렌부르크에 거주하고 있던 이슬람교도들은 이들이 러시아인들에게 빼앗긴 토지와 재산을 되찾아주기를 희망했다. 처음에 푸가초프를 따르는 사람들은 약 80명 정도밖에 되지 않았지만, 카자크를 비롯해 탈주범이나 농노, 도망 농민, 소수 민족 등이 합류하면서 2만 5천 명 이상으로 급증했다. 이들은 오렌부르크의 여러 지역을 공격하면서 관리와 지주, 귀족들을 학살했다. 모스크바 근처에서도 방화와 약탈이 자행되었다. 어떤 도시들은 싸움조차 제대로 하지 않고 이들을 맞아들이기도 했다.

푸가초프의 반란은 단순한 반란이 아니었다. 그야말로 전쟁이었다. 하지만 관리들과 귀족들은 사태의 심각성을 깨닫지 못했다. 기록에 따르면, 오렌부르크에 반란군이 침입했을 때 이들은 무도회를 열고 있었는데, 성채 보루가 무너졌다고 보고했을 때까지도 여전히 무도회를 열고 있었다. 푸가초프의 반란군은 더욱 확산될 수밖에 없었다.

당시 많은 농민들은 푸가초프를 '해방자'로 인식했다. 예카테리나 2세에 의해 폐위되었지만 가난한 농민들을 보살피고, 그들을 구해주는 표트르 3세로 포장되었기 때문이다. 실제로 많은 사람들은 표트르 3세가 계속 통치했더라면 농민들의 삶이 훨씬 나아졌을 것이라고 생각하기도 했다. 이러한 심리를 이용해 푸가초프는 인두세나 기타 세금으로부터 농민들의 부담을 줄이고, 자유를 제공하는 인자한 차르의 역할을 담당했다.

푸가초프는 귀족으로부터 농민의 자유를 강조했다. 농민들은 여전히 노동하지만, 자신의 토지를 가지고 일하게 될 것이라고 주장했다. 종교의 자유를 누리고, 제 역할을 못하는 귀족 대신 본인이 통치자로서의 역할을 제대로 하겠다고 약속했다. 하지만 그 역시 자신에게 협력하지 않는 사람들에게는 끔찍한 벌을 내리고 죽음으로 위협했다. 한 기록에 따르면 다음과 같은 내용이 등장한다.

> 나로부터 그러한 보상 즉, 돈과 빵이 보상과 승진으로 이루어질 것이다. 그러면 당신과 당신의 친척은 내 정부에서 자리를 차지하고, 나를 대신하여 영광스러운 임무를 수행할 수 있도록 지명될 것이다. 하지만 천하의 통치자 표트르 3세에 대한 의무를 잊고, 나의 헌신적인 군대가 무기를 쥐라는 명령을 수행하는 않는 사람들은 스스로 가혹한 처벌을 받게 될 것이다.

1773년에 푸가초프가 점령한 지역은 볼가에서 우랄산맥까지 확산되었다. 반란치고는 상당히 잘 조직되어 있었지만, 인류 역

그림 34. 바실리 페로프Vasily Perov, <푸가초프의 법정>, 1879년 작. 페로프는 러시아 현실주의 화가로서 <푸가초프의 법정>은 푸가초프의 반란 때 세워졌던 법원을 그린 것이다.

사 속에서 나타났던 대부분의 반란들이 그랬던 것처럼 푸가초프의 반란 역시 진지함이 부족했다. 결국 푸가초프는 가장 가까운 사람들에 의해 배신당했다. 그리고 공개처형 당했다.

푸가초프의 반란을 계기로 예카테리나 2세는 귀족의 권한을 더욱 강화했다. 1785년에는 '귀족헌장'을 공포했는데, 이를 통해 귀족들은 봉직이나 과세 의무로부터 벗어날 수 있었다. 귀족은 재판을 통해서만 처벌될 수 있었고, 귀족의 재산권 역시 완전히 보장되었다.

더욱이 예카테리나 2세는 총신寵臣 정치를 펼쳤기에 이는 상당히 부정적인 효과를 초래했다. 정치에서 아첨과 아부가 만연할

그림 35. 이반 아르그노프(Ivan Argunov), <예카테리나 2세의 초상화>, 1762년 作. 원래 농노였던 아르그노프는 초상화를 주로 그렸다. <예카테리나 2세의 초상화>는 러시아 전통 양식과 바로크 양식의 조화 속에 그려진 것이다.

명화로 읽는 여왕의 세계사

수밖에 없었다. 더욱이 귀족의 권한 보장은 상대적으로 농민과 농노의 지위 약화를 의미했는데, 이 시기에 러시아 전체 인구의 절반 이상이 농노였다.

그러나 반란을 통해 예카테리나 2세는 효율적이고 강력한 지방 통치 체제가 필요하다는 사실을 인식했다. 이를 위해 1775년에 행정 개혁을 단행했다. 30~40만 명을 단위로 50개의 주를 만들고, 주민 수에 따라 10개의 군을 만들었다. 그리고 144개의 도시를 건설했다. 이러한 행정 체제는 러시아 혁명이 발발하는 1917년까지 유지되었다.

예카테리나 2세의 행정 개혁은 권력 분립 원칙을 기반으로 한 것이었다. 행정과 사법, 그리고 재정이 상호 독립성을 유지하고, 이를 바탕으로 여러 가지 개혁 정책을 추구했다. 이러한 점에서 본다면, 예카테리나 2세의 정치는 한편으로는 전제적인 요소가 남아 있지만, 다른 한편으로는 상당히 근대적인 요소가 존재한다고 볼 수 있다.

3. 가장 넓은 영토와 문화의 발전

예카테리나 2세의 가장 큰 업적은 러시아 역사상 가장 넓은 영토를 통치했다는 것이다. 재위 기간 동안 그녀는 여러 차례 전쟁을 벌였다. 가장 대표적인 전쟁으로는 러시아-투르크 전쟁을 들 수 있다. 이 전쟁은 16세기~20세기까지 총 13차례에 걸쳐 발생한 전쟁을 모두 일컫는다.

17세기까지만 하더라도 러시아는 아프로-유라시아 변방의 작은 소국에 지나지 않았다. 따라서 유럽 내 다른 국가들과 마찬가지로 오스만 제국으로부터 침략을 당하지 않기 위해 주기적으로 공물을 바쳤다. 사실 러시아가 공물을 바쳤던 것은 이 시기가 처음이 아니었다.

역사학자들에 따르면, 러시아의 기원은 루스 카간국이다. 이는 8세기 말~9세기 초, 오늘날 러시아 지역에 존재했던 도시국가로서 바이킹을 비롯한 북유럽인과 슬라브족이 이동하면서 세운 것으로 알려져 있다. 러시아라는 이름도 바로 루스족의 이름에서 유래한 것이다. 이후 키예프를 중심으로 노브고로드 공국, 폴로츠크 공국 등 여러 공국들이 설립되었다.

이 가운데 가장 번영했던 키예프를 중심으로 최초의 국가가 탄생했다. 당시 키예프 공국은 '여러 루스의 어머니'라고 불리면서 여러 루스들을 통치했고, 이 지역을 지배하는 사람을 대공大公이라 불렀다. 그리스 정교를 수용하고, 법전을 편찬하면서 대도시로 변성했고, 문화석으로도 상당히 발전했다.

이는 동로마제국과 서유럽 사이의 무역로 때문에 가능했다. 당시 지중해 무역이 이슬람 제국으로 인해 성행하지 못하자 흑해에서 키예프 지역을 통해 발트해로 돌아가는 무역이 발달했

그림 36. **클라비디 레베데프**Klavdy Vasiliyevich Lebedev, **<키예프의 세례>, 연대 미상. 러시아 화가 레베데프는 교회 및 역사화를 주로 그렸다. <키예프의 세례>는 러시아 역사상 가장 중요한 사건인 그리스 정교 채택을 보여주는 것으로서 그림 한가운데 서 있는 첫 번째 신자인 블라디미르 대공**Vladimir I **뒤로 십자가가 보인다.**

다. 그 결과, 키예프 공국의 경제적 입지가 중요해졌던 것이다. 하지만 십자군 전쟁 이후 아시아 유목민족이 키예프를 점령하면서 무역은 몰락했다.

드네프르 강 일대 평원이 매우 비옥했기에 키예프 공국은 많은 인구를 부양할 수 있었다. 13세기에 전 세계적으로 가장 넓은 영토를 지배했던 몽골 제국은 키예프 공국을 수시로 침공했다. 노브고로드 공국이나 기타 공국은 몽골 제국에 공물을 바치는 속국으로 전락했다. 이후 모스크바 공국과 킵차크 칸국이 대치하다가 몽골 제국으로부터 해방되었다. 하지만 몽골 제국의 독재와 압제적인 분위기는 오랫동안 남아 있었다.

이후 모스크바 대공국의 이반 3세Ivan III는 여러 루스 공국들을 통합했고, 그를 계승한 이반 4세는 '차르tsar'라는 칭호를 처음 사용했다. 그는 강력한 전제정치를 바탕으로 러시아를 발전시켰다. 이 시기에 러시아는 몽골 제국의 침입과 동로마 제국의 멸망으로 문화적으로 정체되고, 서유럽으로부터 선진 문물을 수용하는데 많은 한계가 있었다. 이때 표트르 1세가 서구화 정책을 펴면서 러시아는 군사력을 발전시키고, 새로운 문화와 사상을 수용하기 시작했다.

표트르 1세의 서구화 정책을 토대로 러시아의 전성기를 펼친 것은 바로 예카테리나 2세였다. 오스만 제국과의 전쟁에서 초기에는 러시아가 공물을 바치고, 오스만 제국 및 크림 칸국이 2~3만 명의 러시아인들을 노예로 잡아가기도 했다.

그러나 서구화 정책 이후 상황은 크게 달라졌다. 근대식 무기와 전술을 갖추게 된 러시아 군대는 투르크 군대보다 훨씬 강력했고, 과거 오스만 제국의 영토였던 캅카스나 흑해 연안 등이 모두 러시아의 영토가 되었다. 심지어 러시아가 지나치게 팽창하는 것을 두려워했던 영국이나 프랑스 등이 오히려 오스만 제국을 도울 정도였다.

예카테리나 2세 때 러시아는 오스만 제국과 제 7차 전쟁 및

명화로 읽는 여왕의 세계사

제 8차 전쟁을 벌였다. 제 7차 전쟁은 우크라이나 남부 지역과 크림 칸국을 둘러싸고 발생한 전쟁으로서 러시아가 승리했다. 그 결과, 러시아는 우크라이나 남부와 캅카스 북부 등을 할양받았으며, 오랫동안 오스만 제국의 일부였던 크림 칸국을 독립국으로 만들었다. 그리고 점차 영향력을 행사해 결국 1738년에 크림 칸국을 합병했다.

제 8차 전쟁에서도 러시아가 승리했다. 러시아와 오스만 제국 사이에 이아시 조약Treaty of Jassy을 체결했는데, 이 조약을 통해 러시아는 흑해 연안 지방을 할양받았다. 그리고 크림 칸국의 합병을 오스만 제국으로부터 공식적으로 인정받았다.

1789년에 프랑스혁명이 발생하자 러시아는 폴란드 분할에도 적극적으로 참여했다. 폴란드 역사는 960년에 슬라브계 폴란드인 미에슈코 1세Mieszko I가 왕국을 수립하면서 시작되었다. 이후 가톨릭을 수용하고, 영토를 확대시켰다. 15세기 말에는 킵차크 칸국과 동맹을 맺어 모스크바 대공국을 어려움에 빠뜨리기도 했고, 17세기에는 오스만 제국의 침략을 막기도 했다.

그러나 17세기 중반에 러시아와의 전쟁에서 국토의 절반 이상을 상실했다. 1793년에는 러시아, 프로이센, 그리고 오스트리아가 폴란드에서 일어난 반란을 탄압했다. 결국 1795년에 폴란드는 분할되었다. 이후 1918년 제 1차 세계대전에서 동맹국이 항복하면서 123년 만에 폴란드 공화국으로 독립하게 되었다.

그림 37. 이반 페도로프Ivan Kuzmich Fedorov, <예카테리나 2세와 로모노소프>, 1884년 作. 페도로프는 러시아 화가로서 이 작품은 과학 아카데미에 참여한 예카테리나 2세Ekaterina II의 모습을 그린 것이다.

18세기 동안 러시아의 영토는 급속하게 팽창하고 있었다. 이 모든 것은 표트르 1세를 롤 모델로 삼은 예카테리나 2세의 정치적 업적이었다.

예카테리나 2세는 계몽주의에도 상당히 많은 관심을 가졌다. 계몽주의는 18세기 후반 유럽 전역에서 발생했던 혁신적인 사상운동을 의미한다. 주로 프랑스나 독일을 중심으로 전개된 사상운동으로서 특히 프랑스에서는 몽테스키외Baron de La Brède et de Montesquieu나 볼테르Voltaire, 장 자크 루소Jean-Jacques Rousseau, 드니 디드로Denis Diderot 등이 주도했다.

예카테리나 2세는 몽테스키외나 볼테르와 여러 차례에 걸쳐 서신을 교환했다. 몽테스키외는 존 로크_{John Locke}로부터 많은 영향을 받아 절대군주제를 신랄하게 비판하고, 입헌군주제가 최선이라고 제안했다. 이와 더불어 국가의 기원과 법의 본성을 설명하고자 했다. 볼테르는 관용의 중요성을 강조했고. 기독교를 철저하게 증오했던 이신론자였다.

예카테리나 2세는 계몽주의 서적을 많이 읽고, 새로운 정치를 지향했다. 하지만 귀족들의 반대는 만만치 않았다. 귀족들 덕분에 여제가 될 수 있었던 그녀의 입장에서 귀족들의 목소리를 무시하는 것은 그리 쉽지 않은 일이었다. 더욱이 푸가초프의 반란이 발생한 이후 그녀의 정치는 더욱 보수적으로 변했다. 귀족들의 특권을 확대시켰고, 농노제를 더욱 강화했다. 이러한 점에서 본다면 그녀는 계몽주의 군주를 지향했지만, 결국 누구보다도 더 보수주의일 수밖에 없었던 차르였다.

예카테리나 2세는 문화 부흥에도 상당히 많은 관심을 가졌다. 특히 문학의 발전을 적극적으로 후원했다. 그녀는 스스로 여러 편의 희곡과 수필·시 등을 썼고, 글을 쓰는 일이야말로 기분전환에 가장 좋은 일이라고 생각했다. 프랑스 소설을 러시아어로 옮기는 일도 했는데, 여제가 직접 번역가가 되었던 경우라고 할 수 있다. 뿐만 아니라 문화 평론이 하나의 예술 분야로 자리 잡는 데 많은 도움을 주기도 했다.

더욱이 예카테리나 2세는 과학에도 관심이 많았다. 그녀는 과학과 기술의 진보야말로 러시아가 강대국으로 부상하는데 매우 중요하다고 믿었다. 그래서 과학을 장려하고, 많은 학교를 설립했다. 사실 학교를 설립하는 것은 그녀가 가장 많은 재정을 사용했던 업무 가운데 하나였다.

이 시기의 또 다른 변화는 미술관과 박물관 건설이었다. 예카테리나 2세는 예술에 막대한 관심과 후원을 아끼지 않았다. 그래서 유럽 전역에 퍼져 있는 그림이나 조각을 수집해서 오늘날 에르미타주 박물관을 만들었다. 이는 상트페테르부르크에 있는 거대한 박물관으로서 겨울궁전을 그대로 박물관으로 사용하고 있다. 차르가 거주했던 궁전 그 자체가 박물관이기에 소장하고 있는 문화재뿐만 아니라 건물 역시 볼거리이다.

에르미타주 박물관은 겨울궁전과 총 4개의 건물로 구성되어 있다. 무엇보다도 전시 작품의 규모가 엄청나다. 레오나르도 다 빈치Leonardo da Vinci나 라파엘로Raffaello Sanzio, 미켈란젤로Michelangelo Buonarroti, 렘브란트Rembrandt Harmenszoon van Rijn 등의 작품들이 전시되어 있다. 예카테리나 2세가 유럽 전시물을 전시한 것을 계기로 이후 여러 차르들이 계속 소장품을 모으고, 19세기 말부터 일반인들에게까지 개방했다.

이처럼 예카테리나 2세가 통치했던 러시아는 대외적으로나 대내적으로 상당한 안정기였다. 물론 푸가초프의 반란과 같은

그림 38. 라파엘로 산치오Raffaello Sanzio, <아기 그리스도의 숭배>, 1512년 作. 이탈리아 르네상스에서 가장 중요한 인물 중 한 사람인 라파엘로는 교황청에 그린 프레스코화로 크게 성공했다. 이후 성모 마리아를 비롯해 다양한 초상화를 그렸다. <아기그리스도의 숭배>는 성 마틴St. Martin과 성 바바라St. Barbara가 아기 그리스도에게 숭배하는 모습을 그린 것이다. 에르미타주 박물관에 소장되어 있다.

심각한 위기도 존재했다. 그렇지만 그녀는 표트르 1세의 서구화 정책을 본받아 아프로-유라시아 변방에 위치한 러시아를 강대국으로 발전시키는데 중요한 역할을 담당했다.

일부 역사학자들은 예카테리나 2세가 이전의 다른 여제들처럼 권력 욕심이 많아 표트르 3세의 사망을 묵인했다고 반론을 제기한다. 귀족들에게 지나치게 의존했기에 심각한 농민 반란이 발생했고, 이를 계기로 오히려 농노제가 더욱 강화되었다고 주장했다. 하지만 이 시기 러시아는 다른 어느 시기보다 가장 넓은 영토를 지배했고, 문화적, 정치적으로도 가장 번영했던 시기였다. 그야말로 여제의 통치 덕분이었다.

VI

해가 지지 않는 나라, 빅토리아 여왕

해가 지지 않는 나라, 빅토리아 여왕

1. 러다이트 운동과 차티스트 운동, 그리고 보수주의

17세기는 지난 1만 년 동안 가장 추웠던 시기였다. 평균 기온은 약 2~3도 정도 내려가 전 지구적으로 심각한 기후변화가 발생했고, 작물 재배와 어류 포획 등에도 영향을 미쳤다. 역사학자들과 기후학자들은 이 시기를 '소빙기Little Ice Age'라고 부른다. 아직까지 소빙기가 발생한 원인은 명확하게 밝혀지지 않았다. 그러나 영국 천문학자 E. W. 마운더E. W. Maunder를 비롯한 일부 과학자들에 따르면, 이 시기에 태양 흑점이 현저하게 적어지면서 전 지구적으로 추위가 발생했다. 또 다른 과학자들은 화산 폭발이나 혜성, 운석 등 자연재해와 우주 현상이 지구의 기온에 영향을 미쳤다고 생각한다.

그림 39. 토머스 와이크Thomas Wyke, <템즈 서리 축제>, 1683-84년 作. 템즈 서리 축제는 17세기 초~19세기 초까지 얼어붙은 템즈 강에서 열렸는데, 소빙기 때문에 당시 잉글랜드의 겨울은 지금보다 더 혹독하고 추웠다. 1683년~84년에 템즈 강의 두께는 약 28cm로 완전히 얼어붙어 배가 이동할 수 없을 정도였으며, 사람들은 축구나 경마, 썰매, 아이스스케이팅을 즐겼다.

추위를 극복하기 위해 이전보다 더 많은 땔감을 사용하면서 목재가 고갈되었다. 결국 새로운 연료를 모색할 수밖에 없었는데, 당시 사람들이 관심을 가진 연료는 바로 석탄이었다. 물론 이 시기에 처음 석탄을 연료로 사용했던 것은 아니다. 이미 13세기에 에드워드 1세$_{Edward\ I}$는 매연 때문에 석탄 사용을 금지하기도 했는데, 추위로 인해 다시 석탄을 사용하기 시작한 것이다.

지질학자들은 지금으로부터 약 5억 7천만 년 전~2억 2천 5백만 년 전까지의 시기를 '고생대$_{Paleozoic\ era}$'라고 부른다. 고생대는 전기 고생대와 후기 고생대로 구분될 수 있는데, 후기 고생대는 따뜻하고 얕은 바다에서 동식물이 번성했다. 당시 번성했던 식물들은 주기적으로 바다에 뒤덮이면서 퇴적되어 오늘날 석탄으로 변했다. 잉글랜드는 고생대 석탄기에 생성된 석탄대 덕분에 쉽게 석탄을 얻을 수 있었고, 이를 계기로 인류 역사는 새로운 국면으로 접어들었다.

석탄 수요가 증가하면서 땅 속에 묻힌 석탄을 채굴했다. 당시 잉글랜드의 탄광이나 광산에서 꼭 필요했던 것은 바로 양수 장치였다. 탄광이나 광산에서 땅을 파면 물이 솟아오르는데, 이 물을 퍼내는 작업이 매우 어려웠기 때문이다. 이렇게 물을 퍼내기 위해 개발된 것이 바로 증기기관이다.

고대 그리스 수학자 헤론$_{Heron}$은 그릇의 물을 끓이면 파이프를 타고 증기가 올라가 회전하는 장치를 설계했다. 이것은 최초의 증기기관으로 알려져 있다. 1705년에 토미스 뉴거먼$_{Thomas\ Newcomen}$이 발명하고, 이후 제임스 와트$_{James\ Watt}$가 개량한 증기기관은 상업용으로 사용되면서 널리 확산되었다.

19세기 이후 증기기관을 이용한 기차가 등장하면서 철도가

명화로 읽는 여왕의 세계사

증가했다. 선박에도 증기기관이 사용되었다. 이후 공장에서도 증기기관을 이용해 기계를 작동시켰다. 증기기관을 이용한 방적기가 발명되면서 영국에서는 직물산업과 관련 산업들이 발전했다. 이러한 현상을 역사학자들은 '산업혁명Industrial Revolution'이라고 부른다.

산업혁명 이후 영국을 비롯한 서유럽 일부 국가들에서는 석탄과 철 생산량이 급증했다. 그리고 공장에서 대량으로 생산된 상품이 철도를 통해 여러 지역으로 운송되었다. 그 결과, 19세기 중반까지 영국은 전 세계 석탄 생산량의 2/3를 차지했다. 또한 영국에서 생산되는 면제품은 세계 시장의 1/3을 장악했다.

산업혁명이 발생하기 전까지 잉글랜드의 산업은 대부분 수공업이었다. 간단한 도구를 사용해 상품을 생산했는데, 주로 저 숙련 노동자들이 종사했다. 그러나 산업혁명 이후 증기기관이 개발되고, 기계가 도입되면서 수공업은 점차 몰락하기 시작했다.

더 이상 수공업에는 숙련 노동자가 필요하지 않았다. 기계 덕분에 소수의 숙련 노동자만 고용하면, 일정 수준의 품질을 유지할 수 있었기 때문이다. 이후 저임금으로 부릴 수 있는 여성이나 아동 고용이 폭발적으로 증가했고, 이들의 노동력을 활용해 상품을 대량으로 생산하는 기계공업 시대가 시작되었다.

이 시기에 잉글랜드에서는 인구가 급속하게 증가했고, 많은 사람들이 농촌을 떠나 도시로 이동했다. 이들이 도시로 이동한 원인 가운데 한 가지는 바로 '인클로저 운동Enclosure movement'이었다. 잉글랜드의 정치가이자 인문학자 토머스 모어Thomas More는 다음과 같은 유명한 말을 남겼다. "양은 온순한 동물이지만 잉글랜드에서는 인간을 잡아먹는다." 그가 남긴 이 말은 당시 잉글랜드에 만연했던 특별한 현상과 관련성을 가지고 있다.

농경이 시작된 이후 농민들은 지력을 유지하고 회복하기 위해 일정 기간 동안 농사를 쉬었다. 토양 속 영양분을 보충하는 속도가 소모하는 속도를 따라잡지 못하기 때문이다. 과거에는 비료로 사용되는 질소를 토양에 고정시키는 방법이 자연적으로 발생하는 번개밖에 없었다. 따라서 인위적으로 농경을 쉬어야만 했다. 그런 땅을 휴경지라고 부른다. 하지만 휴경지에서도 완전히 농경을 그만두는 경우는 거의 없고, 대부분 땅을 나누어 돌려가면서 작물을 재배하는데, 이를 '윤작輪作'이라고 한다. 윤작 가운데 가장 대표적인 것이 삼포제三圃制이다.

서유럽에서는 9세기경부터 삼포제가 시작된 것으로 알려져 있다. 경작지를 1/3씩 나누어 한 쪽에서는 봄에 보리나 귀리 등의 작물을 재배하고, 다른 한 쪽에서는 가을에 밀이나 호밀 등을 재배한다. 그리고 나머지 1/3은 휴경지로 둔다.

그러나 16세기가 되자 플랑드르 지방을 중심으로 4윤작법이 개발되었다. 이 방법을 통해 보리와 클로버, 밀, 순무를 순서대로 돌려지으면서 휴경지를 없앴다. 과거에 삼포제가 시행될 때 농민들은 자신의 땅을 두고도 영주의 장원을 경작해야 했지만, 4 윤작법이 도입되자 더 이상 장원에 의존할 필요가 없었다.

영주들은 장원을 해체하고, 그 땅을 소작지로 변경했다. 이후 농민들 사이에서는 토지 소유권을 가지려는 사람들이 많아지기 시작했다. 장원이 발달했던 중세 시대에 농경지가 아닌 숲이나 들은 공유지였다. 여기에서 가축을 방목하거나 야생식물을 채집했다. 하지만 토지 소유권에 대한 수요가 증가하면서 공유지도 사유지로 변화되어 울타리를 치기 시작했다. 이러한 현상을 인클로저 운동이라고 한다.

잉글랜드 역사 속에서 인클로저 운동은 크게 두 차례에 걸쳐 발생했다. 두 차례에 걸친 인클로저 운동 결과, 농경지는 더욱 확대되었다. 그리고 당시 잉글랜드에 만연했던 중상주의 덕분에 농민들은 시장에서 농산물을 판매할 수 있었다. 시장을 잘 활용한 농민은 부유해졌고, 그렇지 못한 농민은 가난해졌다.

결국 가난한 농민은 자신의 토지를 판매하고, 부유한 농민에게 고용된 임금노동자로 전락했다. 이들의 빈부 격차는 더욱 심화되었다. 모어의 표현대로 양을 기르기 위한 목축지가 증가했기 때문이라기보다는 공유지가 사유지로 변화함에 따라 몰락한 농민들이 증가한 것이라고 볼 수 있다.

인클로저 운동으로 인해 잉글랜드에서는 토지 소유권이 더욱 명확해졌다. 자신의 토지가 분명해지자 수확량이 증가했고, 이는 도시 인구 증가에도 많은 영향을 미쳤다. 농촌에서 부유한 농민과 가난한 농민의 계층 분화는 고용주와 노동자라는 계약 형태가 잉글랜드 사회에 자리 잡는데 중요한 역할을 담당했다.

이들 가운데 일부는 도시로 흘러 들어가 당시 유행했던 산업 혁명의 노동력으로 활용되었다. 결국 잉글랜드가 다른 어느 지역이나 국가보다 산업혁명이 빨리 시작될 수 있었던 것은 증기 기관과 인클로저 운동 때문이었다.

물론 산업혁명이 시작되면서 긍정적인 현상만 나타났던 것은 아니다. 도시로 유입되는 인구가 증가하면서 자연스럽게 잉여 노동력이 발생했다. 자본가들은 이러한 기회를 적극적으로 활용했다. 증기기관과 기계 덕분에 숙련 노동자들이 많이 필요하지 않은 상황에서 이들은 도시로 유입된 빈민들의 절박함을 교묘하게 이용했다. 아주 적은 임금만 받고 하루에 12시간 이상 일하는 노동자들이 대부분이었다. 자본가들은 엄청난 부를 축적했지만, 노동자들은 푼돈밖에 벌지 못했다.

당시 영국에서는 투표권을 재산에 따라 부여했다. 쉽게 말해, 일정 금액 이상의 세금을 납부하는 남성들만 투표권을 행사할 수 있었다. 여성을 비롯해 세금을 납부하지 못하는 빈민 남성들은 투표권이 없었다. 그러므로 자본가들에게 착취당하는 이들의 입장을 대변해줄 정치인이나 의회는 존재하지 않았다.

산업혁명과 더불어 도시 노동자들의 삶은 더욱 악화되기 시작했다. 공장에서 기계를 이용해 수많은 상품을 생산했지만, 노동자들은 결코 부유해지지 못했다. 당시 영국 의회는 자본가들의 요구를 수용해 노동조합 결성이나 파업 등 단체행동을 모두 금지했다.

임금도 제대로 받지 못하고, 투표권도 없으며, 단체행동조차 하지 못하는 이들에게 현실은 그야말로 불만투성이었다. 공장에서 일하는 노동자들 사이에서 이 모든 현상이 기계 때문에 발생했다는 주장이 확산되었다. 산업혁명으로 인해 실업자가 증가하면서 비인간적인 삶을 살게 된 것이라고 생각했던 것이다.

기계를 고장 내거나 부수는 것으로 시작되었던 폭력은 '러다이트 운동Luddite movement'으로 정점에 달했다. 이 운동은 1811년~1817년까지 발생했던 기계 파괴 운동을 의미한다. 네드 러드Ned Ludd라는 인물이 이 운동을 주도했다고 알려져 있지만, 역사학자들에 따르면, 그에 대해 밝혀진 사실이 없기에 실존하지 않는 인물일 가능성이 높다.

당시 영국 섬유 공장에서 일하는 노동자들은 대부분 비非숙련공들이었다. 일부 기록에 따르면, 이들이 받았던 임금은 빵 한 개를 겨우 살 정도의 매우 낮았다. 그리고 일하는 시간에 비례해 엄청난 착취를 당하고 있었다. 1811년에 노팅엄셔나 요크셔, 랭커셔 등에서 노동자들은 공장 기계를 파괴했다. 흔히 러다이트 운동은 노동자들의 단순한 폭동으로 알려져 있지만, 실제로는 자본가의 착취에 맞서는 계급투쟁이었다.

그러나 당시 영국 정부는 자본가들 편이었다. 1812년에 의회는 기계를 파괴하는 노동자는 사형에 처할 수 있다는 법안을 통과시켰다. 그 결과, 1813년에 러다이트 운동을 주도했던 14명의 노동자들을 교수형에 처했다. 이러한 행동은 오히려 민중들의 비난을 초래했다. 러다이트 운동을 지지하는 모금 운동이 영국 전역에서 발생했고, 당시 상원의원 조지 바이런 경Sir George Gordon Byron은 의회에서 노동자들의 요구가 정당하다고 이들을 지지하기도 했다.

결국 의회는 군대를 동원해 노동자들을 탄압했다. 이러한 강경 대응으로 러다이트 운동은 점차 수그러들었다. 그러나 노동자들의 불만은 결코 사라진 것이 아니었다. 의회는 마지못해 노조설립을 허락했고, 단체교섭도 허용했다. 러다이트 운동을 통해 노동자들의 이해관계를 미약하게나마 대변해줄 수 있는 방법들이 마련된 것이다.

이러한 점에서 본다면, 러다이트 운동은 단순한 기계 파괴 운동이 아니다. 산업혁명 이후 자본주의가 발전하는 과정 속에서 노동자들이 자신들의 이해관계를 보호하기 위해 나타났던 최초의 노동운동이라 할 수 있다.

비록 러다이트 운동은 실패로 끝났지만, 이후 새로운 노동운동이 전개되었다. 바로 차티스트 운동Chartist movement이다. 차티스트 운동은 1838년~1840년대 후반까지 노동자들이 보통선거와 의회 민주주의를 요구하면서 영국에서 발생했던 노동운동이다.

차티스트라는 용어는 노동자들이 제시한 인민헌장People's Charter에서 유래한 것이다. 여기에는 보통선거와 비밀선거, 피선거권 재산 자격 제한 폐지, 매년 의회 소집 등의 내용이 포함되어 있다. 오늘날에는 너무나 당연한 내용이지만, 19세기 초 노동자들이 이러한 요구를 했을 때에는 매우 급진적인 것이었다.

원래 영국에서 선거권은 일정 재산을 가진 성인 남성에게만 부여되었다. 그래서 19세기 초부터 노동계층은 재산과 상관없이 모든 성인 남성들에게 투표권을 줄 것을 요청했다. 그 결과, 도시 중산층에게 선거권이 부여되었다. 그러나 노동계층과 연대했던 도시 중산층은 선거권 획득 이후 노동계층으로부터 등을 돌렸다.

1830년대 중반 이후 런던이나 웨일스 지역에서 노동단체가 수립되었다. 이러한 단체들은 노동자들의 불만을 극대화시켰고, 이후 차티스트 운동이 시작되었다. 1838년 5월, 인민헌장을 발표하고, 이 헌장이 의회에서 통과될 수 있도록 여러 도시에서 대규모 집회가 열렸다. 당시 청원에 서명한 노동자의 수는 무려 120만 명 이상이었다. 청원이 부결되자 영국 전역에서는 무장투쟁이나 파업이 끊이지 않았다.

그림 40. 벤저민 헤이던Benjamin Haydon, <버밍엄 정치 동맹>, 1832-33년
作. 헤이던은 영국 역사화가이다. 1830년대~1840년대 노동계층을 중
심으로 전개된 차티스트 운동은 노동자의 선거권 획득을 위해 노동자
협회를 결성했고, 버밍엄에서 정치동맹을 결성했다. 이를 중심으로 영
국 북부와 서부에서 노동자 운동을 활발하게 추진하면서 <노던 스타>
를 발간하기도 했다. 버밍엄 정치 동맹 창단식에는 약 20만 명의 사람
들이 모였다.

1842년에 다시 청원을 제출했다. 이번에는 325만 명이 서명
했다. 1848년의 청원에는 570만 명이 서명한 청원이 제출되
었다. 그러나 의회는 번번이 청원을 거절했다. 대규모 시위가
벌어졌고, 차티스트 운동은 결국 와해되었다. 이후 1867년과
1884년에 선거법이 개정되면서 영국에서는 비로소 보통선거가
시행되었다. 물론 선거권을 부여받은 사람은 남성뿐이었다. 여
성들에게 선거권이 부여된 것은 제1차 세계대전 이후였다.

러다이트 운동과 차티스트 운동 등 노동운동으로 영국이 떠

명화로 읽는 여왕의 세계사

그림 41. 조지 헤이터 경Sir George Hayter, <빅토리아 여왕의 대관식>, 1838년 作. 헤이터 경은 영국 궁정화가이자 초상화가로서 빅토리아Victoria 여왕은 그의 공로를 인정해서 1841년에 작위를 내렸다. <빅토리아 여왕의 대관식>은 여왕의 대관식 장면을 그린 그림으로서 당시 대관식은 5시간이 걸렸고, 유럽 전역의 고위 인사들이 참석했다. 웨스트민스터 사원에서 왕관을 쓴 여왕은 버킹엄 궁전에서 사원까지 화려한 행진을 했다.

들썩할 때 영국을 통치했던 사람은 빅토리아Victoria 여왕이었다. 영국 역사상 두 번째로 오래 재위한 빅토리아 여왕은 원래 왕위에 오르기 어려운 상황이었다.

그런데 큰아버지의 딸이 아이를 낳다가 사망했다. 그러자 4남인 자신의 아버지 켄트 공작Duke of Kent을 포함해 나머지 아들 가운데 먼저 자녀를 얻는 사람이 왕위 계승의 우선권을 가지게 되었다. 빅토리아 여왕이 태어난 후 영국 왕위는 3남인 윌리엄 4세William IV가 물려받았고, 그 부부에게 적자가 없었기에 그녀는 왕위 계승 1순위가 되었다.

그녀는 차티스트 운동이 한참 진행될 때 여왕으로 즉위했다. 초기에 자유주의 성향을 보였던 빅토리아 여왕이었지만, 차티스트 운동에서 주장했던 선거권 확대에 대해서는 매우 부정적인 입장을 보였다. 일부 기록에 따르면, 가난하고 배움이 짧은 사람들이 정치에 관여하는 것을 매우 못마땅하게 생각했다.

특히 빅토리아 여왕은 여성의 선거권에 대해서는 직접적으로 거부감을 보였다. 이 시대는 가부장적인 보수주의 사회였고, 여왕조차 여성은 남성에게 순종해야 한다는 생각을 가지고 있었다. 특히 성과 관련해 여성들은 수많은 편견과 억압을 당해야만 했다. 이미 17세기 중반부터 계몽주의 영향으로 자유연애가 널리 확산되었지만, 빅토리아 여왕이 즉위한 이후 이러한 분위기는 모두 사라졌다.

남성의 성욕은 본능이기에 자연스러운 것으로 간주되었지만, 여성의 성은 부정되었다. 여성은 가정에만 충실하도록 강요받았다. 그야말로 명백한 이중 잣대라고 할 수 있다. 그래서 이와 같은 도덕 윤리에 반발하는 사회적 분위기가 형성되기도 했다. 샬롯 브론테Charlotte Bronte의 <제인 에어>나 제인 오스틴Jane Austen 의 <오만과 편견> 등은 빅토리아 시대의 가부장적 사회의 분위기에 저항하는 대표적인 작품이다.

여왕이 지배했지만, 빅토리아 시대는 다른 어느 시대보다도

명화로 읽는 여왕의 세계사

그림 42. 조지 엘가 힉스(George Elgar Hicks), <남성의 동반자>, 1863년 作. 힉스는 빅토리아 시대 영국화가로서 초상화가로 유명하다. <남성의 동반자>는 빅토리아 시대에 가정으로 국한시킨 여성의 역할은 남성을 잘 따르고 보필하는 것이라는 당시 담론을 잘 보여주는 대표적인 그림이다.

남성 중심의 시대였다. 가정에만 국한된 여성이 사회로 진출하고, 남성과 동등한 권리를 보장받는 데에는 이후 오랜 시간이 걸렸다. 이에 대해 역사학자들은 여왕이 여성으로서의 정체성보다 통치자로서의 정체성을 중요하게 생각했기 때문이라고 생각한다.

2. 노예무역과 노예제도 폐지

15세기 말, 이탈리아 탐험가 크리스토퍼 콜럼버스Christopher Columbus가 아메리카에 도착한 이후 많은 유럽인들이 아메리카로 이동했다. 사람의 이동과 더불어 많은 작물과 동물, 심지어 유행성 전염병까지 교환되었는데, 이를 '콜럼버스의 교환'이라 부른다. 이는 한 지역의 작물이나 동물, 또는 전염병이 다른 지역에 일방적으로 영향을 미친 것이 아니라 쌍방의 교환을 초래했다.

콜럼버스의 교환 이후 글로벌 네트워크에는 새로운 변화가 발생했다. 교역 네트워크에 아메리카가 편입되면서 대서양이 새로운 네트워크 중심지로 부상했다. 역사학자들은 이 시기에 대서양을 중심으로 발생했던 무역을 '대서양 삼각무역Triangular Trade'이라고 부른다. 아프리카 원주민이 노예로서 아메리카로 강제 이주했고, 이들이 플랜테이션 농장에서 생산한 설탕이나

그림 43. 존 라파엘 스미스John Raphel Smith, <노예무역>, 1791년 作. 스미스는 영국 화가이자 메조틴터이다. 메조틴트는 동판화의 일종으로 원판에서 인쇄한 것을 의미하는데, 17~18세기 영국에서 유행했다. 톱니모양 날을 가진 도구를 움직여 작은 구멍을 만들고, 그것을 인쇄하면 벨벳 같은 감촉을 가진 판면이 완성된다. <노예무역>은 아프리카 원주민을 노예로서 강제로 아메리카로 데리고 가는 장면을 묘사한 것이다.

담배, 면화 등은 유럽으로 수출되었다. 또한 유럽의 무기나 설탕 찌꺼기인 럼으로 만든 럼주 등이 아프리카로 유입되었다.

아프리카 원주민을 아메리카 플랜테이션 농장에 노예로 판매하는 행위인 이른바 대서양 노예무역은 가장 잘 알려진 노예무역이다. 사실 인류 역사 속에서 노예무역은 그 기원을 알기 어려울 정도로 매우 오래된 것이다. 이 가운데 대서양 노예무역은 가장 거대한 규모로 발생했다. 정확한 통계는 아니지만, 3백 년 동안 1천 5백 만 명 이상의 아프리카 원주민들이 아메리카로 강제 이주했던 것으로 추정된다.

대서양 노예무역은 아프리카 서부 해안 지역이 주된 대상이었다. 오늘날 세네갈이나 시에라리온, 가나, 나이지리아, 라이베리아 등이다. 14세기까지 가나, 송가이 등은 전 세계에서 금이 가장 많이 매장된 지역으로도 유명했다. 그래서 많은 사람들은 이 지역을 '황금해안'이라고 불렀는데, 이러한 별명은 19세기 초까지도 계속되었다. 대서양 노예무역을 통해 막대한 이익을 얻을 수 있었기 때문이다.

15세기 말, 스페인은 아메리카를 식민지로 만들면서 많은 아메리카 원주민들을 학살하고, 노예로 삼았다. 이렇게 잔혹한 통치가 계속되자 스페인 내부에서 비판적인 의견이 나타났다. 특히 아메리카 원주민의 수가 급속하게 감소하자 당시 스페인 국왕 카를로스 1세Carlos I는 엔코미엔다Encomienda를 폐지하고자 했다.

엔코미엔다는 원래 권력이나 부를 가진 사람이 노동을 대가로 약한 사람을 보호하는 제도이다. 스페인은 아메리카 식민지를 지배하면서 이 제도를 활용했다. 그러나 이 역할을 부여받은 사람들은 아메리카 원주민들에게 공물과 노동을 할당했다. 결국 많은 원주민들은 고된 노동에 시달리거나 가혹한 처벌을 받

명화로 읽는 여왕의 세계사

그림 44. 디에고 리베라Diego Rivera, <코르테스의 도착>, 1951년 作. 리베라는 멕시코 화가로서 벽화운동을 통해 멕시코의 정체성을 확립하고자 노력했다. <코르테스의 도착>은 1520년에 스페인 정복자 에르난 코르테스Hernan Cortes가 멕시코에 도착한 장면을 그리고 있는데, 그림에는 아메리카 원주민을 착취하는 스페인인들의 가혹한 행위가 구체적으로 묘사되어 있다. 따라서 이 그림은 스페인이 아메리카 식민지를 지배할 때 활용했던 엔코미엔다의 폐해를 잘 보여주는 그림이기도 하다.

아야 했다. 이에 수도사들과 지식인들이 엔코미엔다의 폐지와 아메리카 원주민 보호를 지속적으로 주장했다.

1550년에 스페인 서북부에 위치한 바야돌리드에서 논쟁이 발생했다. 당시 스페인 석학 세풀베다Juan Gines de Sepulveda는 아메리카 원주민이 이성이 없으므로 강제로 지배하거나 통치해도 아무런 문제가 없다고 주장했다. 반면, 도미니코회 수사 바르톨로메 데 라스카사스Bartolome de las Casas는 아메리카 원주민도 이성이 있으며, 강압이 아닌 교육을 통해 이들을 교화시켜야 한다고 주장했다.

교황은 라스카사스의 의견을 수용해 아메리카 원주민을 노예로 삼거나 가혹하게 대해서는 안 된다는 결론을 내렸다. 이제 이들을 노예로 삼는 것은 불법이 되었다. 그 결과, 사탕수수 플랜테이션에서는 노동력이 부족해졌다. 결국 아메리카 원주민 대신 아프리카 원주민을 노예로 데려오는 방법을 선택하게 되었다. 이들에게 아프리카 원주민은 사람이 아니었기 때문에 노예로 삼아도 좋았다.

아프리카 원주민 노예무역을 처음 시작한 것은 포르투갈인이었다. 흔히 '항해왕자'로 불리는 엔히크는 이슬람 제국을 거치지 않고 인도로 가는 항로에 관심이 많았다. 이러한 과정에서 아프리카 서부 해안지역을 식민화했고, 1441년에는 아프리카 원주민을 포르투갈로 데려왔다. 기록에 따르면, 이들은 유럽에 도착한 최초의 노예였다. 이후 엔히크는 탐험 비용을 충당하기 위해 노예무역을 시작했다.

노예무역은 더욱 가속화되었다. 노예부역이 어려워지자 아프리카 원주민들을 강제로 납치해 아메리카 식민지로 데려가는 경우들도 빈번했다. 무장한 용병들은 아프리카 원주민들을 위협해 노예선에 실었다. 플랜테이션 농장에서 필요한 노동력이었기에 대부분 남성들이었다. 그 결과, 아프리카 해안 지역에서는 여초현상이 매우 심각했다.

일부 기록에 따르면, 노예무역 그 자체로 얻는 수익률은 그렇게 높지 않았다. 노예의 가격이 저렴했기에 납치라는 위험이나 오랜 기간의 항해를 고려한다면, 노예무역을 통해 얻을 수 있는 경제적 대가는 그리 크지 않았다. 그러나 노예무역을 통해 얻을 수 있는 또 다른 것이 존재했다. 바로 설탕이다.

18세기에 아메리카 식민지의 플랜테이션 농장에서 생산되는 설탕의 가치는 그야말로 상상을 초월했다. 당시 프랑스령이었던 아이티의 사탕수수 플랜테이션에서 거두어들이는 수입은 프랑스 예산의 70% 이상을 차지했다. 많은 유럽 국가들이 노예무역을 통해 노예와 설탕을 교환하는 것에 관심을 가졌던 것은 당연했다. 노예무역은 더욱 번성할 수밖에 없었다.

이 시기에 끔찍한 사건이 발생했다. 이 사건은 대서양 삼각무역의 실상을 알리고, 노예제 폐지 운동이 확산되는데 중요한 역할을 담당했다. 잉글랜드 서부에 위치한 리버풀 노예무역 신디케이트는 선박을 한 채 소유하고 있었다. 신디케이트는 동일 시장 내 여러 기업들이 출자해서 공동회사를 설립하고, 함께 판매하는 조직을 의미한다. 쉽게 말하자면, 기업 연합이다. 이들이 소유한 선박은 종_{Zong} 호였다.

종 호는 아프리카 원주민을 아메리카에 노예로 판매하는 노예선이었다. 당시 종 호를 비롯한 노예선은 가능한 많은 노예를 싣기 위해 사람들 간 공간을 최소한으로 제한하고, 선적 용량보다 많은 사람들을 실었다. 종 호의 적재량은 110 톤스였는데, 늘 이보다 많은 노예들을 싣고 항해했다. 기록에 따르면, 18세기 말에 영국 노예선은 톤스 당 1.75명의 선적 용량을 기준으로 삼고 있었는데, 종 호는 톤스 당 4명의 노예를 실었다.

끔찍한 사건이 발생한 것은 1781년 11월이었다. 8월에 가나 수도 아크라를 출발한 종 호에는 442명의 아프리카 원주민들이 실려 있었다. 이미 선적 용량을 초과하는 무게였다. 9월 초 종 호는 서아프리카 기니만에 위치한 상투메에서 식수를 공급받고, 자메이카로 향했다. 그러나 카리브해 인근에서는 식수를 공급받지 않고 그냥 지나쳐버렸다.

이 사실을 인식했을 때 이미 사망자가 발생했다. 과다인원과 영양실조 등으로 60명 이상의 노예와 일부 선원이 사망했다. 당시 종 호에 탑승했던 선원은 역풍 때문에 돌아가기에는 10일 이상 걸리지만, 남아 있던 식수가 4일치밖에 되지 않았다고 진술했다. 제대로 공급받지 못한 식수 때문에 종 호에 남은 노예와 선원은 그야말로 십단으로 사망할 위기에 직면했다.

결국 선원들은 엄청난 결정을 내렸다. 노예들을 학살하기로 한 것이다. 당시 영국 보험회사는 노예가 자연사할 경우, 선주의 책임이므로 보험금을 지급하지 않았다. 그러나 화물이 바다

명화로 읽는 여왕의 세계사

에 빠져 손상될 경우, 선주와 보험사가 공동으로 부담하도록 처리했다. 보험금을 환산하면 노예 1명당 30파운드에 달했다. 선원들의 입장에서는 손해 볼 것이 없는 상황이었다.

11월 19일, 만장일치로 노예들을 바다에 던지기로 결정했다. 그날 54명의 여성 노예와 어린아이들을 바다에 던졌다. 12월에는 42명의 남성을 바다에 던져 버렸고, 이후 36명을 더 던졌다. 일부 노예들은 비⋕인간적인 행동에 분노하면서 스스로 바다에 뛰어들기도 했다. 1781년 12월 22일, 종 호가 자메이카에 도착했을 때는 처음 출발했을 때의 절반도 채 되지 않는 208명의 노예만 남아 있었다. 그리고 노예들은 한 명당 36파운드에 판매되었다.

종 호의 선주는 보험사에 손해배상 청구를 요청했다. 그러나 보험사는 보험금 지급을 거부했고, 이를 둘러싸고 재판이 진행되었다. 결정적인 증거인 항해일지가 사라졌고, 선장이 항해 직후 사망했기에 재판은 미궁으로 빠졌다. 선원들은 서로 다른 증언을 했고, 재판 과정에서 2천 리터에 달하는 식수가 남아 있었다는 사실이 밝혀졌다.

종 호의 선주 측에서는 노예를 화물이라고 생각했다. 그렇기에 화물이 손상된 경우, 이에 대한 보험금을 지급하는 것이 당연하다고 주장했다. 그러나 보험회사 측은 종 호 선원들이 무

그림 45. 조지프 말로드 윌리엄 터너Joseph Mallord William Turner, <노예선>, 1840년 作. 영국 인상주의 화가 터너는 풍경화에 낭만주의 화풍을 선보이면서 인상주의 화가들에게 많은 영향을 미쳤다. 터너는 토머스 클라크슨Thomas Clarkson의 저서 <노예무역의 역사와 폐지>를 읽은 후 이 그림을 그렸는데, <노예선>의 전시는 당시 노예무역 폐지 운동과 그 맥락을 함께 했다.

고한 사람들을 살해했다고 주장하면서 이러한 행위는 결코 정당화될 수 없다고 강조했다.

더욱 놀라운 사실은 식수 문제에서 드러났다. 선원들은 식수가 모자라서 노예를 바다에 던졌다고 주장했지만, 비가 온 후 식수 고갈 문제를 해결한 후에도 노예를 계속 바다에 던졌다는 사실이 밝혀진 것이다. 결국 재판에서는 종 호에서 노예를 바다

명화로 읽는 여왕의 세계사

에 던진 것은 선원들의 고의적인 행동이기 때문에 보험회사가 보험금을 지급할 의무가 없다고 판결했다.

당시 종 호 재판이 진행되는 동안 영국 내에서 이 사건을 보도한 신문은 딱 한 군데밖에 없었다. 이 보도도 무려 18개월이 지난 후의 일이었다. 종 호 사건을 다루는 출판물도 거의 없었다. 그러나 종 호 사건을 알게 된 퀘이커 교도들을 중심으로 노예무역 반대 서명운동이 발생했고, 점차 많은 사람들에게 알려지기 시작했다. 이후 종 호 학살은 이 시기 노예무역의 비참함을 가장 단적으로 보여주는 사건으로 기억되었다.

1772년에 이미 영국 변호사 그랜빌 샤프Granvill Sharp는 재판에서 노예 제임스 서머셋James Somerset이 자유롭다는 판결을 이끌어냈다. 이후 그는 노예무역 금지와 노예제 폐지 운동에 적극적으로 참여했다. 종 호 사건이 발생했을 때, 샤프는 종 호 선원들을 살인죄로 기소했다. 샤프와 영국 성직자 토머스 클라크슨Thomas Clarkson, 그리고 하원의원 윌리엄 윌버포스Wilberforce 등을 중심으로 노예제 폐지 운동이 활발하게 전개되었고, 의회에서는 결국 1807년에 노예무역금지법을 통과시켰다.

윌버포스는 신앙심이 매우 깊었다. 그는 영국사회의 도덕성 회복을 위해 노력했다. 이를 위해 무엇보다도 중요했던 것은 노예제 폐지였다. 그는 노예제 폐지를 위해 무려 150차례 이상 논쟁했다. 그가 노예제를 폐지시키는데 20년 이상의 시간이 걸렸다. 결국 1833년에 영국의 모든 노예를 해방하고, 이들에게 적절한 보상을 할 것을 선포했다. 윌버포스는 노예제 폐지뿐만 아니라 어린이 노동 보호법을 제정하고, 사형 제도를 개선하며, 가난한 사람들이 재판받을 수 있는 권리를 확대시키기도 했다.

빅토리아 여왕이 통치했던 시기는 흔히 정치개혁의 시대로 알려져 있다. 도덕주의를 바탕으로 성공회나 퀘이커교 등 교회가 주도하는 개혁이 발생했다. 이러한 정치개혁은 노예무역 금지와 노예제 폐지를 이끌었다. 산업혁명으로 많은 노동력과 원료 공급지, 그리고 시장이 필요해진 영국은 점차 해외 식민지에 관심을 가지기 시작했다. 이러한 점에서 노예제 폐지는 영국이 제국주의 국가로 팽창할 수 있었던 또 다른 원동력이었다.

3. 제국주의와 '해가 지지 않는 나라'

제국주의란 한 나라의 정치나 경제, 문화가 다른 국가에까지 확대되는 사상 및 정책을 의미한다. 제국주의의 기원을 거슬러 올라가면, 오래전부터 존재했다. 인류 역사 속에서 제국은 오랫동안 존재했기 때문이나. 알렉산드로스 대왕의 제국이나 로마 제국, 13세기 말 오스만 제국, 14세기 아프리카의 말리 제국이나 몽골 제국, 15세기 잉카 및 아즈텍 제국 등이 인류 역사 속에 등장했던 대표적인 제국이라 할 수 있다.

명화로 읽는 여왕의 세계사

보다 좁은 의미로 제국주의는 산업혁명 이후 서유럽의 일부 국가들 사이에서 나타났던 식민주의를 의미한다. 산업혁명 이후 영국을 비롯한 일부 국가들은 자원 공급 및 판매 시장을 확보하기 위해 아시아나 아프리카에서 식민지를 확대했다. 이는 이전의 식민주의와 분명하게 구분되었다.

식민주의는 한 국가가 다른 국가를 지배하는 행위를 의미한다. 역사학자들에 따르면, 식민주의는 고대부터 존재했다. 대표적인 것이 이집트나 로마 제국의 식민주의이다. 사실, 식민주의는 제국주의와 비슷한 맥락에서 이해되는 경우가 많다. 제국주의 국가들은 늘 식민지를 가지고 있었기 때문이다. 그러나 제국주의는 특정한 이념을 의미하고, 식민주의는 그 이념을 실천하는 행위로 보기에 실제로 제국주의와 식민주의가 항상 일치하는 것은 아니다.

고대에 식민주의는 지배하고 있는 영토 이외에 다른 지역으로 이주해 새로운 거주지를 개척하는 것을 의미했다. 주로 인구 증가 때문에 해외 식민을 추진하는 경우가 많았다. 고대 그리스의 경우, 국토가 주로 산악 지형이어서 인구가 일정 수준을 넘으면 이주를 추진할 수밖에 없었다. 페니키아인들은 해상교역을 위한 기항지를 마련하기 위해 도시를 개척했는데, 카르타고가 대표적인 식민지였다.

이런 경우, 식민지는 본국의 언어나 종교, 문화를 그대로 답

그림 46. 프란체스코 알바니Francesco Albani, <에우로파의 강간>, 1640-45년 作. 알바니는 이탈리아 화가로서 우의화寓意畵나 풍경화를 주로 그렸다. 우의화는 원래 화가가 표현하고 싶은 내용을 의인화된 사물이나 객체를 통해 방식하는 일종의 은유화된 그림을 의미한다. <에우로파의 강간>은 제우스Zeus가 꽃을 따는 에우로파Europa의 아름다움에 반해 황소로 변해 납치한 사건을 의미한다. 에우로파는 페니키아의 공주였다.

습한다. 본국인들이 이주하고 정착하기 때문이다. 따라서 식민지가 독립한 이후에도 본국과 밀접한 유대관계를 형성하는 경우가 많다.

그러나 근대 이후 식민지의 성격이 변화했다. 인구를 분산시키기 위해 식민지를 건설했던 과거와 달리 군사력을 바탕으로 한 식민지 건설이 증가했다. 과거에는 경제적인 목적 때문에 식민지를 건설했다면, 근대 이후에는 정치적 또는 민족주의적 목

명화로 읽는 여왕의 세계사

적 때문에 식민지를 건설하는 경우가 많았다. 과학기술의 발전과 함께 유럽이 아프로-유라시아의 중심으로 부상하면서 더욱 빈번한 정복이 발생했다.

이러한 과정 속에서 제국주의 또한 더욱 활성화되었다. 영국 역시 예외는 아니었다. 17세기부터 영국 제국주의 팽창에 중요한 역할을 담당했던 것은 영국 동인도회사East India Company였다. 원래 영국 동인도회사는 인도를 비롯해 아시아에서의 교역을 전담하고, 활성화시키기 위한 목적으로 설립되었다. 독점권을 부여받은 영국 동인도회사는 외교 및 군사적 권리를 보장받았다. 다시 말해, 인도나 아시아의 여러 지역에서 전쟁을 선포하고 수행할 수 있는 권리를 가졌다. 그래서 많은 역사학자들은 영국 동인도회사를 '국가 밖의 국가'로 불렀다.

초기에 영국 동인도회사는 포르투갈이나 네덜란드와 마찬가지로 동남아시아의 향신료 교역에 뛰어들었다. 그러나 1609년에 발생한 암본 전투에서 네덜란드에 패배했다. 그 결과, 영국 동인도회사는 인도네시아에서 물러나야만 했다. 그리고 새로운 식민지로 인도에 관심을 가졌다. 당시 상관을 설치한 인도에서 영국이 발견한 상품은 인도산 면직물이었다.

인도산 면직물은 '캘리코'라는 이름으로 유럽에 전파되었다. 당시 유럽인들은 면직물에 대해 알지 못했는데, 유럽에 전해진 캘리코는 엄청난 인기를 얻었다. 이 시기에 유럽에서 가장 인기

있던 작물은 영국산 모직물이었다. 인도산 면직물은 영국산 모직물에 비해 가볍고 아름다웠으며, 가격도 저렴했다.

향신료 교역에서 면직물로 변화하면서 영국 동인도회사는 인도를 식민지로 삼는데 더 많은 관심을 가졌다. 1757년 6월에 캘커타 북서부에 위치한 플라시에서 발생한 전투는 영국이 인도에서 지배권을 가지는데 중요한 계기였다. 이 전투에서 영국군은 인도와 프랑스 연합군에 승리했다. 결국 프랑스는 인도에서의 지배력을 상실했고, 영국은 벵골 지역에 대한 절대적인 지배권을 획득했다.

그림 47. 프랜시스 헤이먼Francis Hayman, <클라이브 장군, 미르 자파르와 아들 미르 미란, 1757년 플라시 전투 후>, 1760년 경 作. 헤이먼은 영국 화가이자 일러스트레이터로 로열 아카데미 회원이었다. 이 그림은 플라시 전투에서 영국 장군 로버트 클라이브Robert Clive의 승리를 그린 것이다.

영국에게 벵골은 인도 식민화의 발판이었다. 이후 영국은 인도 전역에 대한 지배권을 확대시켰다. 더 많은 군사를 파견했고, 정치적 영향력도 확대시켰다. 이러한 영국 동인도회사의 식민 지배에 대해 무굴 제국은 반발했지만, 전쟁에서 영국이 승리함에 따라 영국 동인도회사의 권력은 더욱 확대되었다.

그러나 이후 영국 동인도회사의 문제들이 드러나기 시작했다. 영국 동인도회사가 파산 위기에 직면하자 영국 의회는 영국 동인도회사를 규제하기 시작했고, 1773년 12월에 아메리카 식민지에서 보스턴 차 사건이 발생하자 영국 동인도회사 규제법을 통과시켰다. 이후 외교권과 군사권을 박탈당했고, 인도 무역권까지 박탈했다. 인도 식민지에서 영국 동인도회사의 역할은 점점 축소되었다.

이런 상황 속에서 세포이 항쟁이 발생했다. 인도 북부에 위치한 메러트의 기병대에 지급한 총포에 소와 돼지기름이 칠해진 사건이 발생하자 힌두교도 및 이슬람교도 세포이들이 반란을 일으킨 것이다. 영국군이 무굴 제국 황제를 체포하면서 무굴 제국은 멸망했다. 그리고 1859년에 영국 동인도회사는 폐지되었다. 이제 인도 통치의 모든 권한은 의회에 일임되었고, 빅토리아 여왕이 인도를 직접 통치했다.

빅토리아 여왕은 영국 군주로서 최초의 인도 황제로 군림했다. 의회에서는 빅토리아 여왕의 공식적인 칭호에 '인도 여제'를 붙이는 법안을 통과시켰다. 그 결과, 빅토리아 여왕은 공식적으로 '인도 여제'로 불리기 시작했다. 인도를 시작으로 빅토리아 여왕이 통치하는 영국은 전 세계의 많은 지역에 식민지를 건설했다. 19세기 말에 영국이 지배했던 식민지는 전 세계의 1/4에 해당했고, 전 세계 인구의 1/5이었다. 이를 두고 많은 역사학자들은 영국을 '해가지지 않는 나라'라고 불렀다.

'해가 지지 않는 나라'는 특정 세계의 제국을 의미하는 용어이다. 광대한 영토를 지배하기 때문에 해외 영토 중 하나 이상이 언제나 낮인 국가를 의미한다. 원래는 유럽과 아메리카까지 영토를 가진 카를 5세Karl V의 신성 로마제국을 지칭했는데, 이후 16세기~18세기까지 유럽 강대국으로 부상한 스페인 제국을 의미하는 용어로 사용되었다. 그리고 19세기와 20세기에는 영국을 의미했다.

빅토리아 여왕은 1887년에 즉위 50주년을 축하하는 골든 주빌리를 거행했다. 그리고 1897년에는 즉위 60주년을 축하하는 다이아몬드 주빌리를 거행했다. 영국 역사상 두 번째로 오래 재위한 군주였다. 이 시기에 영국은 정치나 경제뿐만 아니라 문화, 사회 등에서도 엄청난 변화가 있었다. 흔히 '빅토리아 시대'로 불리는 이 시기는 고전적이고 보수적인 도덕주의가 지배했던 시기였지만, 이와 더불어 허영이나 위선이 만연했던 시기이기도 했다.

명화로 읽는 여왕의 세계사

그림 48. 프란츠 빈터할츠Franz Xaver Winterhalter, <빅토리아 여왕의 가족>, 1846년 作. 독일 화가 빈터할츠는 소작농의 아들로 태어나 프랑스, 스위스, 영국 등의 궁정 화가가 되었다. <빅토리아 여왕의 가족>은 가장 왼쪽부터 차남 앨프리드Alfred, 장남 에드워드Edward, 빅토리아 여왕, 남편 앨버트 공Prince Consort Albert, 차녀 앨리스Alice, 삼녀 헬레나Helena, 그리고 장녀 빅토리아Victoria를 그린 그림이다. 빅토리아 여왕과 앨버트 공은 사이가 상당히 좋은 부부였으며, 총 9명의 자녀를 두고 있다. 앨버트 공이 사망한 후 빅토리아 여왕이 평생 동안 검은 옷을 입고 지냈다는 이야기는 매우 유명하다.

빅토리아 여왕은 사생활에서 매우 엄격한 도덕주의를 추구했다. 스캔들이 발생한 여성은 공식적인 자리에 출입할 수 없을 정도였다. 그러나 도덕주의를 추구했던 그녀의 양심은 식민지에는 적용되지 않았다. 더 많은 해외 식민지를 가지기 위해 제국주의를 추구했고, 그 결과 영국은 가장 전성기를 누릴 수 있었다. 하지만 아프리카나 아시아의 수많은 사람들은 영국 때문에 오랫동안 고통 받았다. 빅토리아 시대의 또 다른 이중 잣대인 셈이다.

명화로 읽는 여왕의 세계사

인류 역사 속에서 여러 명의 여왕들이 등장했다. 최초의 여왕은 헤로도토스Herodotos의 <역사>에 등장하는 토미리스Tomyris이다. 그녀는 마사게타이족의 여왕으로서 페르시아 제국의 건설자 키루스 2세Cyrus II를 죽인 것으로 알려져 있다. 기록에 따르면, 토미리스는 키루스 2세의 머리를 베어 전시하고, 사람 피로 가득 채운 포도주 부대에 넣었다.

이집트 최초의 여왕은 소벡네페루Sobekneferu로서 강인한 성격과 지성을 가졌다. 비록 그녀가 남성 옷을 입고 대중 앞에 섰지만, 소벡네페루는 여성이 높은 지위에 오르는 것을 일반화시켰고, 남성과 여성의 평등을 실현시키고자 노력했다. 이후 여왕이 된 하트셉수트Hatshepsut는 섭정으로 시작해 여왕이 되었는데, 그녀 역시 수염을 달고 남성 복장을 착용하면서 파라오로서의 권력을 행사했다.

프톨레마이오스 왕조의 마지막 여왕 클레오파트라 7세Cleopatra VII는 당대 최고의 지성을 가진 여왕이었다. 그녀는 이집트를 강력한 독립 국가로 만들려는 야심을 가진 정치가였다. 이를 위해 로마 정치인들과 우호적인 동맹 관계를 유지하고자 했지만, 결국 실패했다. 많은 사람들은 클레오파트라 7세를 팜므 파탈의 전형으로 비난하지만, 이집트가 몰락한 것은 당시 소수의 마케도니아인들이 다수의 이집트인들을 지배하는 정치 구조의 문제 때문이었지 여왕의 정치적 리더십 때문이 아니었다.

반란 속에 즉위하고, 반란 속에 사망한 우리나라 최초의 여왕인 선덕여왕善德女王은 그 통치를 둘러싸고 긍정적인 평가와 부정적인 평가가 공존한다. 이 시기가 신라 역사상 가장 위기였다는 사실을 고려한다면, 성골이라는 신분 때문에 여왕이 될 수밖에 없었던 당시 사회적 분위기 속에서 여왕의 통치는 최선의 대안일 수밖에 없었다.

선덕여왕이 신분 때문에 여왕이 되었다면, 당의 측천무후則天武后는 오로지 자신의 능력으로 황제가 된 사람이었다. 결국 반란을 일으켜 중국 최초로 여성 황제가 된 그녀는 사실 상당한 정치적 리더십을 발휘했다. 비록 공포정치를 시행했지만, 그녀가 통치했던 기간 동안 백성들은 정치적, 경제적으로 안정된 생활을 했기 때문이다. 이와 더불어 학문적 전성기를 맞이했고, 예술이 발전하기도 했다.

흔히 스페인의 세종대왕에 해당하는 이사벨 1세Isabel I는 레콩키스타를 통해 국토회복을 완수함으로써 통일된 왕국을 수립했다. 이와 더불어 세계 최초의 엔젤 투자를 통해 스페인이 아메리카로 항해하고, 15세기 이후 해상국가로 발전하는 토대를 마련하기도 했다. 그러나 자신이 어려운 상황이었을 때 힘이 되었던 종교에 지나치게 의지하면서 종교재판소를 설립해 유대인과 무슬림을 추방함으로써 종교적 무관용이라는 정치적 오점을 남기기도 했다.

쿠데타를 통해 여제로 즉위한 예카테리나 2세Ekaterina II가 통치했던 시기는 러시아 역사상 가장 안정기였다. 이 시기 러시아는 가장 넓은 영토를 통치했고, 문화적으로도 번성했다. 푸가초프의 반란과 같은 내부적 위기도 존재했지만, 그녀의 정치적 리더십 덕분에 러시아는 아프로-유라시아의 변방에서 중심부로 이동할 수 있었다.

빅토리아 여왕 통치시기에 영국은 전 세계적으로 식민지를 획득하고, '해가 지지 않는 나라'로 부상하게 되었다. 산업혁명 이후 영국을 비롯한 일부 서유럽 국가들은 원료 공급지와 판매시장이 필요했는데, 영국은 다른 어느 국가들보다 적극적으로 제국주의와 식민주의를 시행했다. 이러한 팽창으로 영국은 아프로-유라시아의 주변부에서 세계의 중심으로 부상했지만, 식민지로 전락한 지역의 사람들은 착취와 수탈로 고통 받아야만 했다.

이처럼 인류 역사 속에서 여왕의 통치와 정치적 리더십은 여러 가지 면을 가지고 있다. 여성이기 때문에 부정적으로만 평가

될 수는 없다. 여성에게 참정권이 부여되고, 많은 여성들이 공적 영역으로 진출하면서 현대사회에는 정치적 리더십을 발휘하는 여성들이 점차 많아지고 있다. 이러한 현실을 고려한다면, 세계사 속 여왕의 통치를 통해 여성 리더십의 역사를 살펴보는 것은 오늘날 우리가 살고 있는 세계를 좀 더 깊이 있게 이해하는 또 다른 시도가 될 수 있을 것이다.

명화로 읽는 여왕의 세계사

발행	2021년 6월 25일 초판

기획	권호
저자	김서형
디자인	현유주
발행인	권호
발행처	뮤즈(MUSE)
출판등록	국립중앙도서관
연락처	muse@socialvalue.kr
홈페이지	http://www.뮤즈.net

ISBN 979-11-91677-09-6 03900
값 15,000원